如何说 少年才会听
怎么听 少年才肯说

〔美〕阿黛尔·法伯（Adele Faber） 伊莱恩·玛兹丽施（Elaine Mazlish）著
〔美〕肯伯利·安·蔻（Kimberly Ann Coe）插图 安燕玲 译

How to
Talk So Teens Will Listen &
Listen So Teens Will Talk

中央编译出版社
CCTP Central Compilation & Translation Press

父母阅读体会

（来自亚马逊网站的读者反馈）

结束青春期孩子与家长的对抗

孩子们总是打架，乱发脾气，和我对抗，是《如何说少年才会听 怎么听少年才肯说》结束了这一切。书中有大量与孩子沟通的方法和技巧，并配以幽默的漫画和生动的实例，让我开始真正进入青春期孩子的内心世界。自从运用书中的方法之后，孩子们愿意和我交流了，各式各样的冲突都能得到有效的解决。这本书犹如灵丹妙药，让家庭变得温馨与平静。我非常希望别的家长也读到这本书，并因此获得巨大帮助。

戴安娜·D.德帕尔马

"如何说"理念在孩子青春期的运用典范

许多年前，作者那本著名的《如何说孩子才会听 怎么听孩子才肯说》给了我巨大的帮助，让我掌握了许多与孩子讲话的方法和技巧，所以和孩子的沟通一直比较顺畅。但随着孩子进入青春期，开始出现一些新的问题，对我们提出了新的考验。这本《如何说少年才会听 怎么听少年才肯说》的完成，真是我们的福音啊！针对青春期孩子经常出现的问题，作者在书中给出了非常有效和恰当的解决方案，让我们抓住一切可能出现的时机与孩子进行沟通和引导，包括以前让我们感到非常棘手的孩子交朋友的问题以及关于性和毒品的问题，都能迎刃而解了。

B. 法里斯

帮助父母与孩子建立和谐的关系

你想解决孩子无礼顶撞的问题吗？想解决他们不完成作业、不做家务、交损友、酗酒或是在网上滥交朋友的问题吗？那么从现在开始，学习用积极正确的态度和各种技巧来处理你和孩子之间的问题！本书作者对十几岁的少年和家长的关系进行了深入的探讨，告诉我们如何做是错误的、如何做才会有效。我们必须尊重孩子的感受，和他们共同解决问题。翻开这本书，你会欣喜地发现，父母完全可以和孩子建立起一种和谐的关系。

马博士

用事例"说话"的奇妙之书

我喜欢她们在书中所提供的那些颇为典型的事例，非常适合我们这些拥有少年的家庭进行参照。本书基于深厚的教育理念而提出的解决之道，让父母可以触类旁通，在运用中不断丰富和发展。比如，她们对于如何改变惩罚方式所提供的引人入胜的现实版事例，比所谓的"概念"和"逻辑结果"更有效。

J. 金

让一切在孩子感觉良好的状况下进行

这本书提供给我们一个宝贵的经验，就是用积极平等的方式和孩子互动，采用不损害孩子自我意识的教育策略，才可以与他们一起集思广益，共同解决问题。这本书教给家长的不是给孩子提出强制性的指令，而是让孩子在自我感觉良好的状况下进行自我控制，父母首先要让孩子感觉受到尊重，感觉他们的想法会得到倾听和认同。运用这本书的技巧，确实能够帮助孩子寻找到自我，所以我要大力推荐这本书！

维多利亚·沃伦

"如何说"这套书陪伴我们和孩子共同成长

没有一对父母能偏离《如何说少年才会听 怎么听少年才会说》这本书的主旨去教育好子女。在孩子们还很小的时候，我开始阅读阿黛尔和伊莱恩的相关家教图书。我当时遇到的第一个问题是 3 岁的女儿哭闹着不想去幼儿园。这时书中提供的方法起了神奇的作用，"如何说"正是解决问题的关键。两位作者的书陪伴着我们和孩子共同成长，帮助我们和孩子一直有良好的沟通，并且 3 个孩子之间也从来没有打过架，他们彼此有着良好的协调和包容。现在我最小的孩子都已经 14 岁了，我常常把这套书推荐给我的朋友，甚至是陌生人，我很荣幸地从他们反馈的邮件中感受到他们的受益匪浅和感激之情。

波罗姆

洞察少年心

我注意到由于运用了书中的方法，我和女儿的关系正在发生微妙的变化。现在不仅是我，我丈夫也开始使用这里提供的一些方法了……本书为如何更好地和孩子交流提供了很多颇有建设性的想法，尤其现在的环境比从前更复杂、更冷酷，少年的困惑、恐惧和诱惑也比从前更多，了解他们内心的真实想法变得特别重要。只有了解孩子们的心理动向，才能有更深入的交流和引导。我现在把这本书推荐给所有的家长，特别推荐给那些对青春期孩子的变化感到困惑的家长们！

D. 维尔德

所有家长和老师必备的好书！

作为一名老师，我和学生们关系融洽，这与多年前阅读这本书有关。书中描述的技巧对于我的教学非常有益，它们帮助我提高了课堂的管理，加强了师生间的感情沟通，尤其是对学生们正确价值观的培养大有助益。在青春期那段不平静的岁月中，许多孩子因为得不到正确的引导而误入歧途，实在令人惋惜。所以我认为这本书不仅仅所有的家长要看，所有的老师也应该看。这样老师和家长之间相互配合，才能对孩子的培养发挥最大的作用。

素食交响曲

让培养孩子的过程变得更美好！

14 年前，《如何说孩子才会听 怎么听孩子才肯说》一书彻底改变了我的生活，那种心情就像是给死刑犯判了死缓，又把他们从地狱中解救了出来一般。我曾为孩子的教育问题极度苦恼，甚至一度想放弃，是书中介绍的沟通技巧帮我改变了与孩子之间的交往方式。这份影响力延续至今，我又从《如何说少年才会听 怎么听少年才肯说》一书中获得了针对少年的有效的教育方法。我想，无论你在教育方面多么富有经验，你依然会从这本书中获益。它会让你对孩子的培养过程变得更加美好，富有成就感。两位作者的书实在值得父母花时间去仔细研究。

雪莉

值得认真做笔记的一本书

一位心理学家最先向我提到了这本书，我认真读了几页就发现自己被彻底吸引住了。作者提供了很多的技巧和思路，但是我没有办法一次性全部消化吸收，因为它的信息太丰富了，而且需要反复去实践，所以我选择了做笔记。我把自己认为值得重新温习的内容记录下来，放在床头，随时翻看。现在我的笔记已经记得非常长了！

马西娅·K.斯坦

尊重至上才是最大的秘诀

这本书告诉我们，要与孩子进行沟通交流，需要了解他们所关注的事物和遇到的挫折，同时注意学习说话的方式和技巧。而核心秘诀其实就是尊重孩子。书中列举的例子，大都展示了两种对孩子说话方法所导致的截然不同的结果，一种增加孩子的痛苦，而另一种则有助于帮助他们去面对问题，而前者往往就是忽略孩子的感受，后者就是尊重孩子。如何帮助孩子自己去解决问题，全在于你的选择。

露丝·福雷斯特

家教经典，代代相传

我 15 年前就读过这本书了，那个时候我的孩子们只有十几岁，而我是一个单亲妈妈。我发现这本书在和孩子开诚布公交流方面非常有效。对于一代又一代的家长来说，常常会忘记每个人都需要别人的理解。因此，今天我再次把这本书买来，送给我的孩子们，以帮助他们打开与子女情感沟通的大门，我希望他们也能从这本书中寻求到许多问题的解决之道。

珍妮·马克利

阿黛尔·法伯　　　　　　伊莱恩·玛兹丽施

作者简介 ....

阿黛尔·法伯（Adele Faber）和伊莱恩·玛兹丽施（Elaine Mazlish）是国际著名亲子沟通专家，她们的著作不仅深受家长的欢迎，而且也得到专业权威人士的认可。

两位作者的第一本书《解放父母　解放孩子》（*Liberated Parents Liberated Children*）曾荣获"克里斯多佛"奖，第二本书《如何说孩子才会听　怎么听孩子才肯说》（*How to Talk So Kids Will Listen & Listen So Kids Will Talk*）销售量超过300万本，被翻译成30多种语言。关于这本书的讲座教材和录像带被全球20多万个亲子团体所使用。

随后她们又出版了一系列亲子教育图书，其中《如何说孩子才肯学》（*How To Talk So Kids Can Learn At Home and In School*）被美国《儿童》杂志评为"家庭教育年度最佳图书"；《如何说 孩子才能和平相处》（*Siblings Without Rivalry*）荣登《纽约时报书评》畅销书排行榜第一名；她们针对青春期孩子家长所著的《如何说少年才会听 怎么听少年才肯说》（*How to Talk So Teens Will Listen & Listen So Teens Will Talk*），也受到广大少年家长的热烈追捧。

自从《如何说孩子才会听 怎么听孩子才肯说》出版以来，两位作者在美国和加拿大各地为父母、老师和职业心理医师进行幽默、鼓舞人心的演讲和培训。她们持续开展的工作被拍成系列片在电视台 CBS 节目中播放。她们还经常出现在《早安美国》（*Good Morning America*）和《欧普拉》（*Oprah*）等热门电视节目里。

两位作者都曾师从于已故著名儿童心理学家海姆·吉诺特（Haim Ginott）博士，她们是纽约市社会研究新校（New School of Social Research）和长岛大学家庭生活协会（Family Life Institute of Long Island University）的创建者。

阿黛尔·法伯，本科毕业于美国皇后学院戏剧专业，获学士学位，又在纽约大学获教育学硕士学位。她曾在纽约市的高中任教 8 年。

伊莱恩·玛兹丽施，本科毕业于纽约大学，获舞台美术学士学位，毕业后创建并指导了格罗斯维诺尔和雷诺克斯·希尔社区活动中心的儿童节目。她同时也是一位专业画家和作曲家。

两位作者都是三个孩子的母亲，她们已被收录于美国名人录。

作为父母，我们的需求就是被别人需要；

作为青少年，他们的需求就是不再需要我们。

这种冲突如此真实；

在帮助自己最爱的孩子走向独立的每一天

我们都在不断经历它。

———海姆·吉诺特博士

摘自《父母与少年》（*Between Parent and Teenager*）

目 录

译者序　青春期：父母与孩子一起完成蜕变！／1

致谢／5

关于本书的诞生／7

作者手记／13

第1章　面对感受／1

⊙ 在家庭中要创造一种氛围，让孩子觉得他们可以自由地表达自己的感受。

⊙ 父母表达自己的观点和想法需要创造一定时机，才能让孩子倾听。

⊙ 孩子遇到问题时，父母回应的方式，决定了是增加他的痛苦还是有助于他去解决问题。

⊙ 回应少年感受的具体方法：

　1.肯定想法和感受

　2.用一个词或者声音回应感受

　3.现实中不能实现的事情用幻想的方式完成

　4.修正不好行为的同时，接受感受

目 录

第 2 章　我们仍然需要"确认"/ 39

⊙ 我们对孩子说的很多话，站在孩子的角度来听，都是令人讨厌的。

⊙ 尊重的态度和尊重的语言至关重要。

⊙ 鼓励孩子与我们合作的各种技巧：

　1. 描述问题

　2. 说出你的感受

　3. 给出提示

　4. 提供选择

　5. 用简单的词语表达

第 3 章　惩罚还是不惩罚 / 69

⊙ 惩罚的常见弊端。

⊙ 给孩子自我修正的机会。

⊙ 代替惩罚的方法：

　1. 描述问题

　2. 说出你的感受

　3. 告诉孩子怎样弥补失误

　4. 提供选择

　5. 采取行动

第 4 章　共同解决问题 / 99

⊙ 让孩子感到你和他是站在一起的。

⊙ 共同解决问题的方法可以帮助你了解事情的真正
进展。

⊙ 共同解决问题的"五步法"：

1. 让孩子说出他的看法

2. 说出你的观点

3. 和孩子一起集思广益

4. 把所有的想法都写下来

5. 重新看一下清单，决定哪些建议是你们都同意的，
如何付诸行动

第 5 章　走进孩子的内心世界 / 125

⊙ "嗨，他是个青春期的孩子。"听到这句话时孩子的
感受是什么。

⊙ 青春期孩子觉得最美好和最担心的是什么？

⊙ 青春期的孩子认为父母应该怎么帮助自己。

⊙ 青春期孩子给父母的建议。

⊙ 青春期孩子给朋友的忠告。

⊙ 青春期孩子内心渴望的事情。

目录

第6章　关于情感、朋友和家庭的问题 / 139

⊙ 作者和孩子共同探讨问题。

⊙ 孩子和朋友谈话的不同回应方式，决定了是破坏友
谊还是带来安慰和支持。

⊙ 孩子应该如何回应别人的感受：

1. 用一个声音、词语回应感受

2. 确定对方的感受

3. 对现实中不能实现的事情用幻想的方式完成

第7章　父母和青春期孩子在一起 / 155

⊙ 今天的父母和孩子都比以往更忙碌，承受着更多的
压力。

⊙ 沉默或者表达自己的真实感受。

⊙ 化解父母与孩子之间矛盾的方法：

1. 无论父母还是孩子，当对方让你生气时，表达愤怒
的方式：说出自己的感受和期望

2. 无论父母还是孩子，称赞或感激对方时，要描述你
的感受，或者描述你所看到的

第8章 面对性和毒品 / 183

⊙ 关于性和毒品的问题，现在的情形和过去大不一样。

⊙ 父母要不断强调自己的价值观和期望。

⊙ 如何与孩子就性和毒品问题进行谈话：

寻找任何谈话的机会：听收音机的时候、看电视的时候、阅读杂志的时候、看电影的时候、看报纸的时候、看广告的时候、开车的时候

及时评论现实中所看到的相关情形

⊙ 父母自己身体力行。

下次再见面…… / 211

译者序

青春期：父母与孩子一起完成蜕变！

"儿子不像以前那样和我们有说有笑，回到家里很少和我们交流。"

"女儿不再和我分享她的小秘密，她开始关起房门，和同学在电话里说个没完。"

"孩子在卫生间梳洗打扮的时间越来越长了。"

"以前批评儿子的时候，我会对他喊'站起来！'；现在儿子一米八了，我再说孩子的时候，会对他喊'坐下！'，否则，我需要仰视着批评他。"

"我发现女儿每天都会定时给一个男生发短信。我不光担心影响她学习，更担心她上当受骗。"

……

家有青春期孩子的父母，对于以上的描述想必感同身受。与少年的沟通，实在是一件很有挑战性的事情。孩子好像在一夜之间长成了大人，不再撒娇，不再轻易请求你的帮助，不再开口闭口就"我妈说"；对你的循循善诱，他们显得那么不屑，听你的谆谆教诲，他们会脱口而出"又来了！"；他们不再想哭就哭，想笑就笑，而是摆出一副酷酷的表情；你以为他真的没有了喜怒哀乐，可是，有一天你却发现他在独自偷偷流泪……我们在疑惑：往日那个阳光男孩或乖乖女哪里去了？我们到底做错了什么？

人总是很善于遗忘。家有青春期孩子的父母，似乎忘记了自己的青春是如何度过的，当年我们抱怨父母多么不理解自己年轻的心，而如今，我们又感叹无法猜透少年的心思。一代又一代的人，难道注定要进入这样的轮回？

青春期孩子的父母，多数已到不惑之年，在事业上小有成就。本以为经历过了人生，体验过了生活，似乎真正进入到了"不惑"的境界。而当面对青春期的孩子，我们却常常感到束手无策。于是，我们不得不感慨：作为父母，人生还有很多"惑"等待去解。

《如何说少年才会听 怎么听少年才肯说》为父母们提供了和少年交流的实用方法，而在这些方法中，"尊重"被再一次强调。尊重他们这个年龄段孩子所特有的忧虑，尊重他们对父母提出的建议，尊重他们的情感需求，尊重他们内心的冲突和纠结……"尊重"成为与青少年沟通的基础。与《如何说孩子才会听 怎么听孩子才肯说》相比，这本书所增加的内容，更贴近八到十八岁孩子父母的需求。包括：少年的内心世界，他们对情感、友谊、家庭的看法，以及父母们最关心的"性"问题。

　　书中最值得父母反思的，或许会是第五章"走进孩子的内心世界"中提到的孩子给父母的建议。因为孩子从小到大，都是在听我们的忠告，而我们很少想去听一听孩子给我们的建议。

　　"别再说：'你可以告诉我所有的事情'，如果我们真告诉他们，他们就会大发脾气，一通说教。"

　　"父母应该相信我们。即使我们做错事，那也不代表我们就是坏人。"

　　"不要批评我们的朋友，你真的不了解他们。"

　　"如果你想让孩子说实话，就不要因为一点小事而惩罚他们。"

　　"即使你的孩子不再是个小孩子，还是要告诉他们你爱他。"

　　……

　　当我翻译到这段文字的时候，内心被冲击着。虽然孩子的身高看起来已经像个成人，但是，他们的内心多么需要我们的理解！建议每位父母，不妨让孩子列出他们的建议，结果可能会出乎我们的想象。

　　孩子的成长，何尝不是父母的成长？不惑之年的父母们应该开始学习新的功课。

孩子经历青春期，总是让我们联想起蝴蝶破茧而出的过程，正如罗大佑的一首歌中所唱，"就像蝴蝶必定经过蛹的挣扎，才会有对翅膀坚强如画"。青春期的孩子在自我冲突中不断长大，青春期孩子的父母们也在关于孩子问题的一个个挑战中成长。只要用心去思考和学习，终有一天，父母将和孩子一起完成蜕变！

安燕玲

2013 年 4 月于北京

致　谢

感谢我们的家人和朋友，他们长期以来在我们创作过程中所给予的耐心、理解和体贴，他们没有追问："你们究竟什么时候才能写完？"

感谢参加讲座的家长们，他们愿意与家人尝试新的沟通方式，并且将自己的体验反馈给参加讲座的成员。他们分享的故事不仅激励着我们，也激励着其他的家长。

感谢与我们合作的青少年，他们告诉我们关于他们的世界里的每一件事情。这种坦诚让我们能更深入他们的内心，了解他们的忧虑。

感谢肯伯利·安·寇，这位神奇的艺术家用简单的对话和图案勾画出性格各异的人物，让文字变得活灵活现。

感谢我们的代理人和挚友鲍勃·马克尔，他在整个写作过程中给予我们自始至终的热情，从不断修改的草稿到最后修订成书，他一直坚定地支持我们。

感谢我们的编辑詹妮弗·布拉尔，她像一位"完美的家长"，相信我们，肯定我们，用尊重的方式让我们日臻完美。每次的结果都证明她说得对。

感谢我们的导师汉姆·吉诺特博士，他离开之后，世界发生了巨大的变化，但是他所倡导的"用人文方法实现人类目标"的理念仍然正确。

关于本书的诞生

很长一段时间以来，我们并没有意识到需要写一本关于青少年的书，直到我们收到这样一封来信：

亲爱的阿黛尔和伊莱恩：

请帮帮我！当我的孩子还小的时候，《如何说孩子才会听 怎么听孩子才肯说》就是我的家教圣经。但是他们现在已经 11 岁和 14 岁了，我发现自己面临全新的问题。你们想到过给青春期孩子的父母写一本书吗？

不久之后，我们又接到这样的电话：

我们的市民协会正计划举办一个年度"家庭讨论会"，希望你们能谈一谈与青少年相处的话题。

我们有些犹豫，因为我们以前从未专门涉及过关于青少年的项目。但是这也引起了我们的兴趣，为什么不做呢？我们可以大致讲一些有效沟通的基本原则，举青少年的例子，然后用角色扮演的方式来把沟通方法演示出来就可以。

尝试新事物总是会有挑战，你永远都不能确信听众是否会参与进来。但是在座谈中，他们都积极参与互动。大家专心听讲座，反响热烈。在问答的环节中，大家询问我们对于宵禁、拉帮结派、顶嘴、限制外出等等各种问题的观点。后来，我们被一小群家长围着，他们希望与我们有更深入的讨论。

　　我是一名单亲妈妈。我13岁的儿子开始和学校里的一些坏孩子混在一起。这些孩子吸毒，可能还干其他坏事。我一直告诫他远离这种孩子，但是他根本不听。我觉得自己一步步地在打败仗。我该如何说服他呢？

　　我太难过了。我看到11岁的女儿收到一封男孩子写给她的邮件：我想和你发生关系。我想把我的 ** 放到你的 ** 里。我不知道该怎么办。我该不该给他的父母打电话？我该不该向学校汇报这件事情？我该如何对女儿说呢？

　　我发现12岁的孩子在抽烟。我该怎么跟她说呢？

　　我都快要吓死了。在收拾儿子房间的时候，我发现他写了一首关于自杀的诗。他在学校挺好的，也有很多朋友，看上去没有什么不开心。但是，也许有什么事情我没有发现。我该不该告诉他我看到了他写的诗？

我女儿最近一直在和一个 16 岁的男生网上聊天。他自称是 16 岁，但谁知道是真是假？现在他想和我女儿见面。我认为自己应该和她一起去。你觉得呢？

在回家的路上，我们不停地讨论：这些父母们面临的都是些怎样的问题！……我们现在生活的世界真是太不一样了！……时代真的有这么大的变化吗？当我们的孩子在经历青春期的时候，我们以及我们周围的朋友也曾担心性、毒品、同龄人的压力，甚至自杀的问题。但是不管怎样，今晚所听到的，似乎让我们感到更糟糕、更恐怖，甚至还有更多担忧的事情。并且，这些问题都比过去提前发生了，也许是因为青春期提前的缘故吧。

几天之后，我们又接到一个电话，这次是一位校长打来的：

我们目前准备为初中和高中的学生做一个试验项目，参与项目的家长都会得到一本《如何说孩子才会听 怎么听孩子才肯说》，因为你们的书太有帮助了。不知道你们是否愿意与这些家长见面，为他们做一些讲座。

我们告诉校长，可以考虑一下，然后给她回复。

接下来的几天当中，我们回忆起自己亲身经历的青春岁月。时光流转，唤起我们尘封已久的记忆，回忆我们的孩子在经历青春期的那段时光——有时暗无天日，有时闪亮灿烂，而有时又令人窒息。渐渐地，我们重拾往日的情怀，再一次体验当年的焦虑。我们开始反思：是什么让我们的生命在这个阶段感到如此艰难？

并不是没有人告诫过我们这些。当我们的孩子刚出生的时候，就会听到有人说："在孩子还小的时候，尽情享受和他们在一起的日子"……"孩子小，麻烦少；孩子大，麻烦多"……人们不厌其烦地告诉我们：这个可爱的小家伙将来会变成一个闷闷不乐的陌生人，他挑剔我们的品位，挑战我们的规则，拒绝我们的价值观。

尽管我们对孩子行为的变化有思想准备，但是情感上的失落却是在所难免的。

失去了以往的亲密关系。（家里这个不友好的家伙是谁？）

失去了自信。（他为什么会这么做？是因为我做了什么吗？……还是因为我没做什么？）

失去了被需要的满足感。（"不用，你不用来了。我的朋友会和我一起去。"）

失去了保护孩子远离危险的感觉。（都过半夜了。她在哪儿呢？在干什么？为什么还不回家？）

比失落更强烈的是我们的恐惧感。（我们该如何让孩子度过这段艰难的年月？我们自己又该如何度过？）

如果我们这一代人是这样过来的，那么今天的父母又要面临怎样的情形呢？他们养育孩子的环境比以往更恶劣、更野蛮、更冷酷、更物质化、有更多的色情和暴力。这怎么能让今天的父母们不感到身心疲惫呢？他们怎么可能不反应过激呢？

我们不难理解为什么有些家长的反应会变得很强硬：他们发号施令，对很小的错误都要惩罚，对孩子严加管教。我们也非常理解为什么有些父母选择放弃，撒手不管，却又希望有好的结局。"按我说的做"和"你想怎么做就怎么做"这两种方式都切断了交流的通道。

年轻人会对使用惩罚的父母敞开心扉吗？他会去向溺爱孩子的父母寻求指导吗？青少年的身心健康，有时候甚至是他们的安全感，都取决于是否能从父母那里得到正确的想法和价值观。青少年需要表达他们的困惑、倾诉他们的恐惧、需要父母们倾听他们而不作评价，需要与父母共同探讨、作出决定，并为自己的决定承担责任。

除了父母之外，有谁能与他们朝夕相处，陪伴他们度过这段艰难的岁月，帮助他们抵御媒体信息的诱惑？谁来帮助他们承受来自同伴的压力？谁来帮助他们处理方方面面的问题：拉帮结派、渴望被接纳、害怕拒绝、内心恐惧、刺激以及青春期的困惑？谁会帮助他们共同经历内心的纠结，寻找到真正的自己？

我们知道，也清楚地记得，与青少年在一起的日子会让人力不从心。但也正是在那段不平静的岁月中所学到的方法，引领我们战胜风浪，而不至于被淹没。

现在，我们需要将自己的经验分享出去，也希望我们的下一代能从中受益。

我们给校长回电话，愿意为这些家有少年的父母们安排第一次讲座。

作者手记

本书的内容来自我们在全美各地（包括在纽约和长岛）为青少年和父母开办的各种讲座。为了尽可能做到简洁易懂，我们把很多的小组学习作为一个小组，也把我们两位作者合二为一。我们对书中的人物名称以及事件做了适当的调整，但所描述的事情都是真实可信的。

阿黛尔·法伯

伊莱恩·玛兹丽施

第 1 章

面对感受

Dealing with Feelings

　　我不知道自己期待什么。我从停车场跑到校门口，紧紧地抓住快要被风吹跑的雨伞，心想，什么人会在这么凄冷的夜晚，离开温暖的家，来参加一个关于青少年的讲座？

　　教导处的负责人在门口向我打招呼，并把我带进了一间教室，里面有大约 20 位家长已经在等候了。

　　我先做了自我介绍，称赞他们能在这么恶劣的天气情况下参加讲座，然后发给他们姓名牌，让他们填写好自己的名字。在他们边填写边聊天的时候，我趁机观察他们。来参加的人各种各样：男性和女性人数差不多，有不同的种族背景，有些是夫妻一起来的，有些是单独来的，有的穿职业装，有的穿牛仔服。

　　等一切差不多就绪了，我让每个人做一下自我介绍，并且简单说一说孩子的情况。

　　大家没有犹豫，都踊跃发言。孩子的年龄从 12 岁到 16 岁不等。几乎每个人都谈到，在当今世界面对青少年时存在很大的困难。但是，我仍然感到他们有些拘束，藏着掖着，可能是因为不想在一开始就向满屋子的陌生人表露太多。

"在我们开始深入讨论之前，"我说，"我想先向大家保证：我们在这里讨论的事情是保密的，我们所说的一切都只保留在这间屋子里。谁的孩子抽烟、酗酒、逃学、超前性行为，都是自己的私事。大家同意吗？"

大家都点头同意。

"我们都是同路人，共同经历一场惊险刺激的探险，"我继续说道，"我的任务就是告诉大家沟通的方法，让我们的亲子关系更融洽。你们的任务就是检验这些方法，回到家里实际运用它们，并且把结果反馈回来。哪些有帮助？哪些没有帮助？哪些起作用？哪些不起作用？这样通过大家的共同努力，一起寻找到最有效的方法，来帮助孩子完成从童年到成年的'痛苦蜕变'。"

我停顿了一下，等待大家的反应。"为什么一定是'痛苦蜕变'？"一位父亲先提出了这个问题。"我不记得自己在青春期的时候有这么难，也不记得我给父母带来过什么难处。"

"那是因为你是个乖孩子。"他的妻子咧嘴一笑，拍拍他的肩膀说道。

"是啊，也许因为我们在青春期的时候，更容易做个乖孩子。"另一位父亲评论道，"今天的很多东西在从前听都没听说过。"

"假设我们都回到'从前'，"我说，"我想我们可以从自己的青春期中学到一些东西，或许这样可以让我们深入地体会到今天孩子们的感受。我们先来回忆一下在那个阶段里最美好的时光。"

刚才的那个"乖孩子"麦克首先发言："对我来说，最美好的时光就是参加体育活动，和朋友们一起出去玩。"

有人说："对我来说，最开心的就是来去自由。自己坐地铁进城，坐公交车去海边。特别好玩儿！"

其他人跟着附和："允许穿高跟鞋、化妆，和男生交往时激动的心情。我和女友迷恋同一位男生，经常会问：'你觉得他喜欢我，还是喜欢你？'"

"那时的生活很简单，周末的时候我可以一觉睡到中午。不用担心找工作、付房租、养家糊口，不用为明天担忧。我知道自己可以依赖父母。"

"对我来说，那段时光就是探索我是谁，体验不同的个性特点，幻想未来。我可以自由地想象，同时又有来自家庭的安全感。"

一位女士摇摇头。"对我来说，"她伤心地说，"青春期最美好的部分就是长大离开家。"

我看了一眼她的姓名牌。"凯伦，"我对她说，"青春期听起来不像是你生命中最美好的时光。"

"其实，"她说，"青春期结束是一种解脱。"

"解脱什么？"有人问道。

凯伦耸耸肩回答道："担心是否被接纳……非常努力地去尝试……努力微笑让大家喜欢我……从来没有真正适应……总是感觉像个局外人。"

其他人很快继续她的话题，包括刚才那些只回忆起阳光灿烂日子的人们。

"我也有同感。我记得当时感觉自己很笨、很缺乏安全感。我体重超重，讨厌看到自己的样子。"

"我曾提到和男生在一起很刺激，但其实，带给我更多的是困扰：喜欢他们，又和他们分手，并且因为他们而失去朋友。整天想的就是男孩子，从我的学习成绩上就能看出这一点。我差点没有毕业。"

"我当时面临的问题是来自其他男孩子带来的压力，他们做很多明明知道是错误或者危险的事情。我做了很多傻事。"

"我总是感到困惑。我是谁？我喜欢什么？我不喜欢什么？我是一个有自己思想的人，还是一个没有主见的家伙？做真实的自己是否还能被人接受？"

我喜欢这个学习小组，感谢他们的坦诚。"告诉我，"我问，"在那段跌宕起伏的日子里，父母说的或者做的事情当中，有哪些是对你有帮助的？"

大家开始努力回忆。

"我的父母从来不在我的朋友面前对我大喊大叫。如果我做错了什么事情，比如回家太晚，我的朋友又和我在一起，他们会等朋友们离开后再教训我。"

"我爸爸常对我这么说：'吉姆，你应该坚持自己的信念……当你产生怀疑的时候，问问你的良心……永远都不要害怕做错事，否则你永远都不会做成事情。'我常想：'又来这一套了。'但是，有时候我真的会听他的话。"

"我妈妈总是督促我不断提高：'你能做得更好……再检查一遍……再做一次。'她从不让我放弃任何事情。而我的爸爸觉得我很完美。所以我知道什么事情该找谁。我平衡得很好。"

"我的父母坚持让我学习各种技能：如何平衡收支、如何更换轮胎，他们甚至每天让我读 5 页西班牙文。我当时很讨厌这一点，但是后来我因为懂西班牙文而找到一份好工作。"

"我知道自己不应该说这些，因为在座的有很多职业女性，也包括我自己，但是我真的希望从学校回到家里的时候，妈妈能在家。如果那天在学校发生了什么不开心的事情，我就可以随时向她倾诉。"

"所以，"我说，"你们大多数在青春期都体验到了父母的支持。"

"这只是一个方面，"吉姆说。"我爸爸在正面说教的同时，也给我带来很多伤害，我做的事情在他眼里永远都不够好。他也告诉我这一点。"

吉姆打开了大家的话匣子，不愉快的记忆开始涌上心头。

"我很少能从妈妈那里得到支持。我面临很多问题，特别需要指导。但是，我从她那里得到的永远是千篇一律的说辞：'当我在你这个年龄的时候……'之后，我就学会了把所有的事情都藏在心里。"

"我父母常常让我有愧疚感。他们会说：'你是我们唯一的儿子……我们对你有很多的期望……你还没有发挥出自己的潜能。'"

"我父母的期望总是在我的期望之上，他们把自己的问题归咎于我的问题。我是家里六个孩子中的老大，他们期望我做饭、清理房间、照顾弟弟妹妹。我没有时间做青春期孩子该做的事情。"

"我的例子正相反。我像个小孩子一样被父母过度保护。没有父母的允许，我不能做任何决定。我花了很多年的时间做心理治疗，才找到自信。"

"我的父母来自另外一个国家，文化完全不同。在家里我做每一件事情都被严加看管。我不能买想要的东西，不能到想去的地方，不能穿想穿的衣服。即便我已经上高

中了，做每件事都必须得到父母的批准。"

最后一个发言的是劳拉。

"我妈妈正相反。她太溺爱孩子，不给我们设立任何规矩，只要我高兴就可以来去自由。我在外面待到凌晨两三点，也没有人在乎。从来没有宵禁或者任何干涉，她甚至让我在家里体验刺激的感觉。16 岁那年，我就吸毒酗酒，我堕落的生活很恐怖。妈妈对我的放纵至今仍然让我心怀怨恨，我的生活被她毁了很多年。"

大家被刚才所听到的故事震惊了，都沉默不语。最后吉姆发表了他的看法："唉，父母们的初衷可能是好的，但是最后有可能毁了一个孩子。"

"但是，我们毕竟都走过来了，"麦克反对道，"我们长大、结婚，有了自己的家庭。不管怎样，我们都长大成人了。"

"你说的也许没错，"刚才提到心理治疗的那位琼女士说道，"但是我们花了太多的时间和精力去摒弃那些不好的东西。"

"并且有些东西你永远都去除不掉，"劳拉补充道，"这就是我来到这里的原因。我女儿的行为开始让我担心，我不想在她身上重蹈我妈妈的覆辙。"

劳拉的话把大家拉回到现实中来。人们渐渐开始谈论他们现在对孩子的焦虑。

　　"儿子的态度让我很困扰。他不想遵守任何人的规定，就像我当年 15 岁的时候一样，是一位反抗者。只是我当时把反抗情绪隐藏起来，而他表现了出来。他一直要去触犯底线。"

　　"我女儿只有 12 岁，但内心渴望被认可，并且特别希望被男孩子接纳。我担心她有一天会为了得到大家的喜欢而做出有损名誉的事情。"

　　"我很为儿子的功课担心，他现在一点儿都不用功。我不知道是因为他在运动方面投入太多，还是因为他太懒。"

　　"我儿子所有的注意力都放在结交新朋友和扮酷上。我不喜欢他和他们混在一起，他们对他的影响很坏。"

　　"我女儿就像个两面派。在外面表现得像个乖孩子，可爱、快乐、有礼貌，但是回到家里，完全不是那么回事。我告诉她不能做什么和能做什么的时候，她的态度就会变得非常恶劣。"

　　"听起来很像我女儿。只是激怒她的是她的继母，气氛会非常紧张，特别是我们在一起过周末的时候。"

　　"我对青少年的整体情况都很担心。现在的孩子们不知道会吸到什么、喝到什么。我听说过太多聚会中发生的事情，男孩子偷偷把毒品放到女孩子的饮料里，然后强奸她们。"

　　当大家讨论起这些令人焦虑的事情时，气氛变得凝重起来。

　　凯伦不安地笑道："好了，既然我们知道问题是什么，快，我们需要知道答案！"

　　"在青少年问题上没有捷径可走，"我说，"我们不能保护他们完全摆脱现今世界所面临的所有危险，不可能让他们减少青春期所经历的情绪波动，也做不到把他们从充斥着不健康信息的流行文化中解脱出来。但是，如果你能在家庭中创造一种氛围，让孩子觉得他们可以自由地表达自己的感受，那么他们就有机会敞开心扉，倾听你的感觉。他们会更愿意考虑成人的观点，接受你的约束，也更有可能被你的价值观所保护。"

　　"你是说还有希望！"劳拉大声叫道。"不会太晚？上周我在恐惧中醒来。脑子里想的都是女儿不再是个小姑娘了，再也回不到从前了。我瘫在床上，回想以前对她做的所有错事，心里觉得非常沮丧和内疚。

　　"接着，有什么东西触动我。嗨，我还没死，她也还没有离开家。并且，我永远是她的妈妈，或许我可以做一个好妈妈。请告诉我现在还不晚。"

　　"我也有同样的经历，"我向她保证说，"改善亲子关系永远都不会太晚。"

　　"真的吗？"

"真的。"

现在开始做第一个练习。

"假设我就是你家里的那个青少年,"我对大家说,"我要给你们讲一讲心里所想的事情,然后,让你们想一种回应方式,来让孩子闭嘴。我们来试试:

"我不知道自己是不是要上大学。"

我的"父母们"立刻给我回应:

"别傻了。你当然要上大学。"

"我从来没有听说过这么愚蠢的话。"

"我不相信你能说出这种话。难道你想让爷爷奶奶伤心吗?"

每个人都大笑起来。我继续表达自己的担忧和不满。

"为什么总是让我倒垃圾?"

"因为你在家里除了吃就是睡,不干任何家务活。"

"你为什么总是抱怨?"

"我让你哥哥帮忙的时候,他怎么就那么听话?"

"今天警察给我们长篇大论地讲关于毒品的事情。尽是瞎说!他就是想吓唬我们。"

"吓唬你？他是想给你们的脑子里灌输安全意识。"

"如果我抓住你吸毒，你就知道什么是真的害怕了。"

"你们现在这些孩子的问题就是，你们自认为什么都懂。但是，我告诉你，你们要学的东西多着呢。"

"我才不在乎自己是不是发烧。什么事情都不能阻止我去听音乐会！"

"那是你想的。你今晚除了上床睡觉，什么事都不能做。"

"为什么你总是要做傻事？你还病着呢。"

"还没到世界末日。音乐会多着呢。你为什么不播放一下这个乐队的最新唱片，闭上眼睛，假装你在音乐会现场。"

麦克哼了一声："哦，是吗，难道这样说会有什么问题吗？"

"其实，"我说，"作为你们的孩子，刚才听到的对我来说，没有什么大事。你们忽略我的感受，嘲笑我的想法，批评我的判断，提出不必要的建议。你们本能地这么做，原因是什么呢？"

"因为这些就在我们的脑子里，'劳拉说，"我们还是孩子的时候，听到的就是这些。很自然就这么说出来了。"

"我也认为对父母来说，驱散痛苦或者不愉快的感觉很自然，"我说，"我们很难去倾听青少年表达他们的困惑、愤怒、失望、挫败，我们不忍心看到他们不高兴。所以，最好有意识地忽略他们的感受，并且把成人的逻辑和道理强加给他们。我们想要向他们显示出'正确'的感受。

"但是，我们的倾听才能给他们最大的安慰。我们接纳他们不愉快的感觉，才能让我们的孩子更容易地面对。"

"嗨！"吉姆叫道。"如果我妻子今晚在这儿的话，她一定会说：'瞧，这就是我想和你说的。不要给我讲道理，不要问那么多问题，不要告诉我做错什么，或者下次该怎么做。你只要听着就够了！'"

"你们知道我想到了什么？"凯伦说，"多数情况下，除过对我的孩子，对其他任何人我都能认真倾听。如果有朋友心情沮丧，我不会幻想着去告诉他该怎么办。但是，对我自己的孩子，就完全不是那么回事了，我立刻想介入。也许因为我是作为一个家长来听他们说话。做父母，我觉得必须解决问题。"

"这是个很大的挑战，"我说，"我们需要转换思想，把'我如何解决问题'转换为'我如何让我的孩子自己去解决问题？'"

　　我打开文件夹，拿出为第一次讨论所准备的资料。"这是一些漫画，"我说，"上面是一些基本的理念和方法，在我们的青少年遇到麻烦或者沮丧的时候，可以帮助到他们。你们看到的每一个例子，都是两种方法的对比：一种是增加他们的痛苦，一种则有助于他们去面对问题。虽然不能保证我们所说的话都能像你所看到的那样，起到积极的效果，但是，至少它们不会有什么害处。"

I."肯定想法和感受"代替"忘掉感受"

忘掉感受

妈妈不想让艾比难受。但是忽略女儿的痛苦，反而会让她更痛苦。

Ⅰ."肯定想法和感受"代替"忘掉感受"(续)

肯定想法和感受

　　妈妈不可能解除艾比所有的痛苦，但是通过说出她的想法和感受，可以帮助女儿面对现实，并且鼓足勇气，继续向前。

忘掉感受

　　妈妈的初衷是好的，她希望儿子学习好。但是，批评他的行为、忽略他的担心，并且命令他如何去做，反而使儿子更不知道该做什么。

用一个词或者声音回应感受

妈妈用较少的词语，同情的语气回应儿子，让他感受到被理解，并且把注意力集中到该做的事情上。

讲道理和逻辑上的解释

　　如果爸爸对女儿的无理要求用道理解释，那么会让她变
得更失望。

对现实中不能实现的事情用幻想的方式完成

如果爸爸对女儿的期望用幻想的方式实现,那么会让她
更容易接受现实。

Ⅳ."修正不好行为的同时，接受感受"
代替"放弃你良好的判断"

放弃你良好的判断

为了让儿子开心，同时避免冲突，妈妈放弃了自己正确的判断，息事宁人。

修正不好行为的同时，接受感受

妈妈对儿子处境表示同情，儿子也就更容易接受妈妈对他的严格限制。

大家还没有读完整个故事，就开始议论起来。

"你一定是去过我们家！所有不应该说的话，完全就是我说的。"

"让我困惑的是，这里描写的所有情况都有一个愉快的结局。我的孩子从来不会放弃，也不会就范。"

"但我们讨论的问题不是说让孩子放弃或者就范，而是要试着真正倾听他们的感受。"

"对，但是要做到这一点，我们需要用不一样的方式去倾听。"

"并且用不一样的方式去说。就像学习一种全新的语言。"

"还要慢慢适应这种新的语言，"我说，"让它内化成为自己的语言，才有助于练习。我们现在就开始。我还是扮演你们青春期的孩子，表达同样的问题，只是这次爸爸妈妈们要用刚才在例子中所学到的其中一个方法来回应。"

大家立刻开始翻看刚才的卡通漫画。在我开始表述自己的担心之前，先给大家几分钟时间复习。有的父母能很快地给我回应，有的则需要些时间。大家开始讨论，时不时停下来，重新措辞，最后终于找到满意的答复。

"我不知道自己是不是要上大学。"

"看来你真的对此有怀疑。"

"你不知道上大学是否适合你。"

"知道怎么才酷吗？最好有个水晶球，能让你看到没有上大学，或者上了大学后的生活是什么样子。"

"为什么总是让我倒垃圾？"

"哦，我听出你很讨厌倒垃圾。"

"这不是你最喜欢干的活。明天我们一起讨论一下轮流干家务的事情。现在我需要你的帮助。"

"如果垃圾能自动倒该有多好！"

"今天警察给我们长篇大论地讲关于毒品的事情。尽是瞎说！他就是想吓唬我们。"

"你认为他在夸大其词，吓唬孩子们让他们远离毒品？"

"用吓唬的方式让你觉得很讨厌。"

"你觉得成年人应该把信息直接告诉孩子，相信孩子可以作出明智的决定。"

"我才不在乎自己是不是发烧。什么事情都不能阻止我去听音乐会！"

"生病真是倒霉，哪天不行非得是今天！这场音乐会你已经盼望了好几个星期了。"

"我能理解。你的心思已经都在音乐会上了，可问题是发烧 38℃，只能躺在床上。"

"尽管你知道以后还会有很多其他的音乐会，但还是不想错过这一场。"

练习接近尾声的时候，大家看上去对自己很满意。"我觉得自己开始找到感觉了，"劳拉大声说，"就是说，要把你认为的孩子的感受用语言说出来，忍住你自己的感受。"

"这一点正是我所反对的，"吉姆说，"我什么时候才能表达我的感受，说出我想说的？比如：'干家务是对家庭的贡献。''上大学是很荣幸的事情，能改变你的生活。''吸毒是愚蠢的，它会毁掉你的人生。'"

"对啊，"麦克也表示同意，"总归我们是父母。什么时候才能表达我们的信念和价值观？"

"你总会有机会传递这些信息的，"我说，"如果你能先让孩子感受到你在倾听他们，那么，就会有更好的机会让他们聆听你的想法。即使这样，也不能完全保证他们认同你的思想。他们或许还会指责你不理解他们，你们的想法不可理喻，或者太古板守旧，但是不会出错。尽管孩子对你表示轻视和反抗，但是他们仍然想知道你的确切立场。你的价值观和信念在他们做决定的时候，会起到至关重要的作用。"

　　我深吸了一口气。今天晚上我们已经学习了很多基本方法，父母们也该回家把所学的方法实践一下了。到目前为止，他们已经接受了我的观点，但是，只有把这些方法运用到他们的孩子身上，并且从中看到效果，才能真正内化成为他们自己的信念。

　　"下周见，"我说，"我期待能听到来自你们的亲身经历。"

家长的故事

　　我不知道第一次讲座之后会有什么结果。在讲座中，与其他父母坐在一起，探讨一种新方法运用在一个假想的问题上是一回事，而回到家里，独自面对孩子的真实问题则是另外一回事。尽管这样，许多父母还是按照我们所讨论的方法去做了。下面就是经过细微的修改之后，他们的一些经验之谈。（你会发现多数的故事来自课堂上比较活跃的父母，同时，有的故事也来自在课堂上发言不多的父母，但他们愿意通过文字来分享这些新的方法和技巧是如何影响他们的亲子关系的。）

琼的故事

　　我的女儿瑞琪儿最近看起来情绪很低落，而我问她发生了什么事情，她都会说："没事儿。"我对她说："如果你不告诉我发生了什么，我怎么来帮助你？"她会说："我不想谈这件事。"我说："或许你说出来，感受会好些。"结果，她瞟我一眼，然后不再说什么了。

但是，我们上周在课堂上讨论之后，我决定试着用"新的方法"。我说："瑞琪儿，你最近看起来很不开心。不管发生了什么，有些事情让你感觉很糟糕。"

接着，眼泪从她的脸颊上滚落下来，慢慢地，她说出了事情的原委。有两个女生在小学和中学时都是她的好朋友，现在她们俩进入了校园里一个"风云人物圈子"，把她孤立在外面。她们吃午饭的时候，也不像以前那样给她占座位，也不邀请她参加任何聚会，甚至在走廊里见到她也不打招呼。并且，她确定其中的一位女生给其他孩子发电子邮件，说她穿的老土衣服让她看起来很肥，而且还不是名牌。

我惊呆了，以前曾经听说在学校发生过这类事情，也知道有的女生很刻薄，但是，我从来没有想到这样的事情也会发生在我女儿身上。

我当时最想做的事情就是能解除她的痛苦，让她忘记这些讨厌、堕落的女生。她会有新的朋友，并且是更好的朋友、能欣赏她的朋友。但是，我没有说一句这样的话，而是谈论她的感受。我说："宝贝，这的确很糟糕。发现

你一直相信并且视为朋友的人，结果不是真正的朋友，真是觉得很受伤害。"

"她们怎么可以这样！"她说完哭了一会儿。接着，她又告诉我班里另外一个女生，在网上聊天时，说她身上有味儿，闻起来像尿味。

我简直不敢相信自己的耳朵。我告诉瑞琪儿，她们的这种行为只能表明她们自己是怎样的人，和其他人没有关系。她们只有这么做，才能觉得自己很特别，把别人孤立起来才让她们觉得自己是"圈里人"。

她点点头，然后，我们一起花了很长的时间讨论关于"真朋友"和"假朋友"，以及他们的区别。过了一会儿，我看到她的情绪已经开始好转。

但是，我没办法用这些话说服自己。第二天，瑞琪儿上学以后，我联系了她的辅导员。我告诉她这个电话要保密，她也许想知道发生了什么事情。

我不知道自己会得到什么样的回应，但是她非常好。她说很高兴我能给她打电话，因为她最近听到越来越多的关于通过网络欺负同学的事情，她一直准备去找校长讨论这个问题，看看如何帮助所有的学生明白这种网络诽谤和骚扰是多么害人。

谈话结束后，我感觉好多了。我甚至在想，谁能预料到呢？也许会因此而有好事发生。

吉姆的故事

　　我的大儿子在一家快餐店做兼职。上周六他下班回家，把背包摔在桌子上，开始谩骂他的老板，他嘴里说的每句话都带着脏字。

　　原来他的老板问他是否可以在周末多工作几个小时，儿子告诉他："也许可以吧。"但是，当他周六一大早去上班，准备告诉老板他完全可以加班时，这个"混蛋"（引用儿子的话）竟然把加班的机会给了别人。

　　幸好这次我没有把我真正想说的脱口而出："你为什么会感到惊讶？你还想期待什么？成熟点吧！员工对老板说'也许'会加班，那老板会怎么想？'也许'不能说明问题！"

　　但是，这次我没有训斥他，甚至没有提他说脏话的事，只是说："你只是觉得没必要马上给他肯定的答复。"他说："对，我需要再想想！"

　　我说："哦，原来是这样。"

　　他说："除了这份工作，我还有其他事情，你是知道的！"

　　我心想："看来这个方法不太管用。"

　　接着，出乎我的意料，他说了一句："我觉得自己真傻。我应该回家后给他打个电话，别让这件事悬在那里。"

　　我做得怎么样？我对他表示出一点点的理解，他就能想到当初该怎么做。

劳拉的故事

　　我们讲座结束后不几天，我带女儿云买牛仔裤，这是个最大的失误。她试的衣服没有一件合适的，要么不合身，要么颜色不对，或者品牌不对。最后，她找到一条喜欢的，低腰、紧身，拉锁刚刚能拉上，而屁股的曲线暴露无遗。

　　我一句话也没有说。让她待在试衣间里，我自己去找尺寸大一些的。等我回来的时候，她还在镜子前自我欣赏。她看了一眼我手里拿的裤子，开始大声嚷嚷："我才不会试那条裤子！你想让我看起来像个笨蛋吗？就因为你胖，就觉得每个人都应该穿肥大衣服。但是，我才不会像你那样把身材藏起来！"

　　我感到很受伤害，也很生气，差点要骂她小混蛋。但是，我没有这么做，我说："我在外面等你。"我当时能做的只有这些了。

　　她说："那我的牛仔裤怎么办？"

　　我重复了一遍："我在外面等你。"然后把她一个人留在试衣间。

　　等她最后出来的时候，我最不想做的就是"回应她的感受"，但是，不管怎么样，我还是这么做了。我说："我知道你喜欢那条牛仔裤，也知道我不同意你买会让你不高兴。"接着，我也让她了解我的感受："如果别人那样对我说话，我就什么也不想做了。不想再购物，也不想再帮忙了，甚至都不想再说话了。"

开车回家的路上，我们谁都没有说话。但是，就在我们刚进家门的时候，她嘟嚷了一句："对不起。"

这虽然算不上什么道歉，但是，我还是很高兴能听到她这么说。同时，也很高兴自己当时没有说出让我事后需要道歉的话。

琳达的故事

我不知道自己和儿子的关系是不是有所改善，但是，我觉得和他朋友的关系有些进展。他的朋友是一对双胞胎，13 岁，一个叫尼克，一个叫贾斯丁，两个孩子都很阳光，但是缺少自制力。他们抽烟（我怀疑可能不止这些）、搭便车，有一次他们被父母限制外出，结果他们从卧室的窗户爬出去，跑到商场去了。

但是，他们喜欢我儿子，所以儿子很开心。我却有些担心，我知道他和他们一起搭便车，尽管他对此不承认。如果按照我的做法，我会禁止他在学校以外的地方和他们在一起，可是我丈夫说，那样只能让事情变得更糟，他会想方设法去找他们，并且编谎话骗我们。

　　所以，上个月的时候，我们的策略是邀请这对双胞胎每周六来家里吃晚饭。我们觉得如果他们来我们家，我们就可以看着他们，并且开车送他们去想去的地方。这样，至少有一个晚上，他们不用在黑暗的角落里，竖起拇指，等待陌生人载他们回家。

　　尽管我们做了这些努力，还是无法和这对双胞胎交谈。但在上周的讲座之后，我们的确有了一些进展。

　　这对双胞胎说他们科学老师的坏话，还叫他大笨蛋。通常，我们会替老师辩护，但是这次没有这么做。我们试着回应他们对老师的感受。我丈夫说：'你们真的很不喜欢这个老师。"接着，他们又说了很多："他特别无聊，总是无缘无故地对你大喊大叫。如果上课的时候提问，你没有回答上来，他就会当着大家的面说你，让你很没面子。"

　　我说："尼克，我打赌如果你和贾斯丁当老师，绝对不会对学生大叫，也不会因为不知道答案而让他们没面子。"

　　他们异口同声地说道："就是！"

　　我丈夫又补充道："你们谁都不会让人感到无聊。学生们如果有你们这样的老师，会很幸运。"

　　他们对视了一下，然后大笑起来。我儿子坐在那里，张着大嘴。他不敢相信他的这些"酷"哥们能和他一点都不酷的父母聊到一块。

凯伦的故事

昨天晚上，我和斯黛丝一起翻看一本老相册。我指着她6岁时骑车的一张照片，说："瞧，你那会儿多可爱！"

她说："是啊，然后呢？"我说："你说'然后'是什么意思？"她回答道："我现在不好看了。"我说："别傻了。你很好看。"她说："不好看。这么笨重！头发太短，胸太小，屁股太大。"

她每次这么说自己的时候，总是会触动我。让我想起在她这个年龄的时候，我对自己缺少安全感，而妈妈总是给我改善的建议："别没精打采的……提起肩来……打理一下头发……画点妆。你看起来像《上帝的愤怒》里的人。"

所以，昨天斯黛丝开始贬低自己的时候，我的第一反应就是安慰她："你的屁股确实没有问题，头发也会长起来，胸也会大起来，即使不大，还可以用胸罩垫高。"

我差一点就要说出这些话。但是，这次，我想："好吧，我先认同她的感受。"我搂着她说："听起来你对自己的长相不是十分满意……你猜你期望的是什么？我期望你下次站在镜子前的时候，听听我是怎么看的。"

她突然表现出很感兴趣："你怎么看？"

我如实告诉她："我看到一个从里到外都很漂亮的女孩。"

她说："哦，那是因为你是我妈妈。"然后离开了房间。

过来一会儿，我看到她站在一面大镜子前，摆弄各种姿势，把手放在腰上，真的在对着自己笑。

麦克的故事

还记得我提到儿子对学校的抵触态度吗？我们讲座结束后的一个早晨，他下来吃早餐，和往常一样情绪不好。他在厨房直跺脚，抱怨自己承受的所有压力。一天要有两门考试，西班牙语和几何。

我差点就要像以前那样，在他有这样表现的时候告诫他："如果你按照要求学习的话，就不会担心考试了。"但是妻子捅了我一下，使了个眼色，让我想起用幻想的方式。于是，我对他说："如果广播里突然宣布：'今天有雪，暴风雪将要来临，所有的学校停课！'那该有多好啊！"

他吃了一惊，笑了一下。我继续忽悠："知道什么情况才是真正最棒的吗？那就是，每次考试都赶上雪天。"

他大笑起来，说："耶……但愿如此！"那天他去上学的时候，心情好多了。

斯蒂文的故事

我现在再婚有一年多了，但是我 14 岁的女儿艾米，从一开始就讨厌我的新妻子。每次我从她妈妈那里接她和我们过周末的时候，都会发生同样的事情。她一上车，就会找茬刁难卡萝尔。

不管我怎么劝说艾米，都不见起色。我说她这么做如何对卡萝尔不公平，她如何不给卡萝尔机会，而卡萝尔又如何一直努力想和她做朋友。但是我越说，她越要试图证明我是错的。

上周能来听讲座真好，因为在接下来的周日，我接艾米的时候，她又开始抱怨："我讨厌去你家，卡萝尔总是在周围晃悠。你为什么一定要和她结婚？"

我没有办法边开车边处理这件事情，于是，把车停在一边，熄了火。我能想到的就是：放松，别和她吵架，甚至别和她理论这件事。这次就只听她说，让她把所有的事情都尽情地说出来。于是，我对她说："好吧，艾米，看来你对此有很强烈的感受，还有别的吗？"

她说："你根本不想听我说。你从来就不听。"

"我现在想听，因为我看出你非常生气、不开心。"

这么说真起作用了。于是，她开始了一连串的抱怨："她不像你想象的那么可爱……她是个大骗子……她在乎的只有你……她只是假装喜欢我。"

我一直没有为卡萝尔辩解，也没有说服艾米她错了。我只是用"哦、嗯"来回应和倾听。

最后，她叹口气，说："唉，说这些有什么用呢？"

　　我说："当然有用，因为了解你的感受对我很重要。"

　　她看着我，我看到了她眼里的泪水。"还想知道别的吗？"我说，"我们需要周末的时候花更多时间在一起，就我们俩在一起。"

　　"那卡萝尔怎么办？"她问，"她会不会生气啊？"

　　"卡萝尔能理解。"我说。

　　那天晚上，我和艾米在公园里带着狗走了很长时间。到现在为止，我还不能证明这之间一定有什么联系，但那是我、艾米、卡萝尔从未有过的最好的一个周末。

回应青少年的感受

孩子：哦，不！我该怎么办？我已经告诉高登夫妇周六帮他们照看孩子，可是现在丽萨打电话，请我去她们家过夜！

父母：你应该怎么怎么做……

不要忽略他们的感受，或者给他们建议，可以：

肯定想法和感受

"听上去这事情让你左右为难。你想去丽萨家，但是，又不想让高登夫妇失望。"

用一个词或者声音回应感受

"哦！"

对现实中不能实现的事情用幻想的方式完成

"如果能克隆自己该有多好啊！其中一个去照看孩子，另一个去过夜。"

修正不好行为的同时接受感受

"我听出来你有多想去丽萨家。问题是，你已经答应高登夫妇了，他们还指望你呢。"

—— 第 2 章 ——

我们仍然需要"确认"

We're Still "Making Sure"

明确家庭教育中的十项优先重点，
为孩子塑造能够成就自我的优秀品格！

扫码免费听《父母最艰巨的工作》，
20分钟获得该书精华内容。

　　我期待今晚的学习。上节课结束的时候，吉姆把我叫到一边，说出了心里的沮丧，他没有办法让孩子按照他的想法去做事。我说这的确不容易，并且告诉他，希望他能再多等一个星期，我们可以就这个话题展开深入的讨论。

　　大家就坐以后，我在黑板上写下了今晚要讨论的话题。

鼓励孩子与我们合作的技巧

　　"让我们从头开始。"我说，"当孩子还小的时候，我们与他们相处的大部分时间是在'确认'。我们需要确认他们洗手、刷牙、吃菜、按时上床睡觉、记得说'请'和'谢谢'。

　　"我们还需要确认他们不做一些事情。确认他们不跑到马路上、不爬到桌子上、不扔沙子、不打架、不吐口水、不咬人。

　　"我们期望等他们到了青春期的时候，已经学会处理绝大多数日常事务，但是让我们感到沮丧和生气的是，我们发现自己仍然在做'确认'的工作。当然,孩子不会再咬人或者爬到桌子上了,但是,多数孩子还是要提醒做作业、干家务、吃得健康、定期洗澡、睡足觉、按时起床。并且,我们仍然需要'确认'他们不去做一些事情:'别用袖子擦嘴'……'别把衣服扔在地上'……'别占着电话'……'别用这种语气和我说话!'

"每个家庭不同,每个父母各异,每个青春期的孩子也不一样。一天当中,哪些事情是你需要'确认'去做到的,哪些是你需要'确认'不能做的?让我们从早上开始说起。"

没有任何迟疑,大家就开始回应:

"我需要确认,闹铃响了以后他别还没醒。"

"别不吃早饭。"

"别连着三天穿同一件衣服。"

"别占用洗手间太长时间,让别人没法进去。"

"别又错过校车,耽误了第一节课。"

"别和妹妹吵架。"

"别忘了带钥匙和午餐费。"

"那下午呢?"我问大家,"有什么需要'确认'的?"

"一回到家里就给我打电话。"

"遛狗。"

"开始写作业。"

"别吃垃圾食品。"

"我不在家，别带任何异性朋友回家。"

"别忘了练钢琴（小提琴、萨克斯）。"

"离开家的时候，别不告诉我去哪儿。"

"别欺负妹妹。"

"到晚上了，"我说，"继续，哪些是孩子'要做的'和'不要做'的？"大家想了一会，接着说：

"别钻在自己房间，和家人待一会。"

"别敲桌子。"

"别使劲坐椅子。"

"别整天占着电话。写作业去。"

"我让你做什么事情，说一次就去做。"

"我问出什么事情的时候，问你一次就回答我。"

"洗澡的时候，热水别一次都用完。"

"睡觉前，别忘了带上矫正器。"

"别睡得太晚，早上会没有精神。"

"我听到这些会崩溃的。"劳拉评论道，"难怪一天下来会筋疲力尽。"

"而且没完没了。"一个名叫盖尔的女士补充道，"我总是跟在儿子后面，强迫、催促、指挥他们做这做那。自从离婚以后，情况变得更糟糕，我觉得自己像军官在训话。"

"我不这样看。"麦克说，"我认为你是一个负责任的母亲，你做的就是父母应该做的事情。"

"但是为什么，"盖尔叹息道，"我的孩子不去做他们应该做的事情？"

"我女儿认为她应该做的事情，就是和妈妈对抗。"劳拉说，"她会在一件很小的事情上和我争吵。当我说：'请把你屋子里的脏盘子拿出来。'她就会说：'别烦我，你总是批评我。'"

教室里开始交头接耳，大家都表示对她的赞同。

"对于青春期的孩子来说，"我说道，"有时候，一项极简单、最合理的要求都会引发小的争吵，或者爆发大的战争。为了更好地从孩子的角度来了解他们，我们来换位思考一下。看看当我们想让他们做事情的时候，那些常用的方法会对我们产生什么样的反应。假设我是你们的父母，你们用'青春期'的耳朵听到我所说的，把你内心的想法不假思索地马上讲出来。"

下面是我演示的不同方法，以及"我的孩子"的反应：

责备、问罪："你又这么做！把油倒在锅里，火调到最大，然后离开屋子。你到底怎么回事？你差点引发了一

场火灾！"

"别冲我嚷嚷。"

"我没离开太长时间。"

"我总得去厕所吧。"

谩骂："你怎么能忘记锁你的新车？简直太蠢了。难怪会被偷呢。我简直不相信你会这么不负责任！"

"我就是傻。"

"我就是不负责任。"

"我从来就没有做过对的事情。"

威胁："如果你认为做家务不那么重要，那我也觉得给你零花钱不那么重要。"

"泼妇！"

"我恨你！"

"我离开家，那才高兴呢。"

命令："我让你关上电视，做作业去。别磨蹭了。现在就去！"

"我不想现在做。"

"别烦我。"

"我想写的时候再去写。"

说教："我们有事需要谈一谈，就是你饭桌上打嗝的事。你可能觉得好玩，但其实这是个坏毛病。不管我们喜欢不喜欢，人们会根据我们的行为举止来做判断。所以，如果你必须打嗝，至少要用餐巾纸捂住嘴巴，说声'对不起'。"

"你说什么呢？我不想听。"

"我想要打嗝。"

"太肤浅了。行为举止可能对你很重要，但对我无所谓。"

警告："我警告你。如果你和那群人来往，就是自找麻烦。"

"你根本不了解我的朋友。"

"你的朋友就那么好吗？"

"我不在乎你怎么说，我知道自己在干什么。"

控诉："我就让你帮我做一点小事，你就觉得太多了。我真是不能理解。我这么努力工作，给你提供所需要的一切，这就是你对我的报答吗？"

"好了，我是个坏孩子。"

"我现在的样子都是你的错，都是你惯的。"

"我觉得自己好内疚。"

比较："姐姐能接到这么多电话是有原因的。如果

你能像她那样对人友好一些，开朗一些，你也会受欢迎的。"

"她真虚伪。"

"我讨厌姐姐。"

"你总是喜欢她，不喜欢我。"

讽刺挖苦："你准备练完篮球不洗澡直接去跳舞。好吧，那样闻起来可真香！女生会排着大队来接近你的。"

"哈哈……你是不是觉得自己这么说很好笑。"

"你自己身上也不是那么好闻。"

"你为什么不直接说，有话直说。"

预言："你总是把自己的问题归咎于别人，你从来就不负责任。我敢保证，如果你继续这样下去，你的问题会变得更严重，到时候，除了你自己，谁也怨不着。"

"我想我是个笨蛋。"

"我没希望了。"

"我完蛋了。"

"够了！我感到很内疚。"劳拉大叫道，"这太像我对女儿说的了。但是，直到现在，当我作为一个孩子来听的时候，才觉得这些话听上去真是好讨厌。我听到的每一句话，都让我觉得自己很糟糕。"

吉姆看上去很苦恼。

"你在想什么？"我问他。

"我在想你刚才演示的东西听起来那么熟悉，让人痛心。就像我上周提到的，我父亲毫不掩饰地贬低我。我本想用不同的教育方式对待我的孩子，但是，有的时候，我父亲说过的话会从我的嘴里脱口而出。"

"我理解！有时候，我觉得自己变成了我的母亲。"凯伦说道，"而那些事正是我发誓永远不去做的。"

"好了，现在我们已经知道哪些是不该说的了。"盖尔大声说道，"我们什么时候学习应该怎么说？"

"现在就开始学。"我回答她，举起准备好的资料。"但是，在我发下去之前，请记住：你们学习到的这些沟通技巧不是任何情况下都起作用，没有什么神奇的词语是在任何情况下适用于任何一个青少年的，这就是为什么熟悉不同技巧非常重要。但是，不管怎样，当你翻看这些资料的时候，就会发现所有这些例子背后的一个基本原则就是尊重。正是我们尊重的态度和尊重的语言才有可能让我们的青少年愿意倾听和配合。"

I. 用"描述问题"代替"发号施令"

发号施令

命令常常会让人恼火和反感。

描述问题

通过描述问题，我们请孩子来一起解决问题。

Ⅱ．用"说出你的感受"代替"攻击"

攻击

我们生气的时候，通常会用攻击性或者贬低的话语来批评孩子。结果怎么样呢？他们要么退缩，要么反击。

说出你的感受

当我们描述自己感受的时候，孩子更容易听得进去，并且给出有益的回应。

Ⅲ. 用"给出提示"代替"责备"

当孩子受责备的时候，通常会变得敌对和抵触。

给出提示

用尊重的方式给孩子简单的提示，他们就会更愿意为所做的事情承担责任。

Ⅳ.用"提供选择"代替"威胁命令"

威胁命令

很多青春期的孩子对威胁的反应通常是抵抗或者很不高兴地服从。

提供选择

如果我们能提供一个符合我们和孩子需要的选择，那么就更有机会得到孩子的合作。

V. 用"简单的词语表达"代替"长篇大论"

长篇大论

青春期的孩子对长篇大论不感兴趣。

简单的词语表达

简短的提醒让他们更能集中注意力，也更容易让他们参与合作。

Ⅵ.用"表达你的价值观和期望"代替"指出错误"

指出错误

　　青春期的孩子对批评责备通常的反应就是为自己的行为辩解。

表达你的价值观和期望

　　如果父母能用尊重的态度清楚地表达自己的期望,那么青春期的孩子更愿意听取他们的意见,并且尝试达到父母的期望。

Ⅶ. 用"出其不意的方式"代替"生气谴责"

生气谴责

青春期孩子对父母不同意的事情特别敏感。

出其不意的方式

用幽默代替批评，我们可以改变一下心情，也激发大家开玩笑。

Ⅷ. 用"文字"代替"唠叨"

唠叨

有些青春期的孩子对合理的提醒反应比较迟钝。

文字

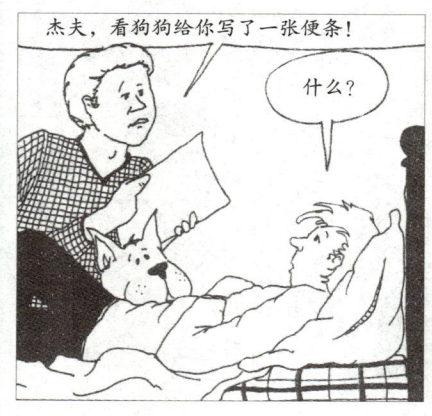

口头说不管用的时候，书面文字通常会更起作用。

　　大家翻阅学习着这些资料和漫画，并且开始议论纷纷。

　　"这些方法不仅仅适用于青少年，如果我丈夫能用这些方法对待我，我也会高兴的。"

　　"对待你？"

　　"是啊，对我而言，重要的是这样可能会改善婚姻关系。"

　　"我敢说有人看了这些方法会说：'没有什么新鲜东西，这只是普通常识。'"

　　"但是这并不普通。否则，我们今晚不会来到这里学习了。"

　　"我可记不住所有这些方法。我要把这些漫画贴在衣柜门里面。"

　　一位刚刚参加学习的爸爸从未发过言，他举起手说："嗨，我是托尼，我知道也许我应该闭嘴不谈，因为上周没来学习。但是，在我看来，这些例子只是告诉我们如何处理日常小事：脏书包、破衬衫和不好的用餐习惯。我今天晚上来，是想找到一些办法，来应对让父母们极度担心的青少年问题，比如：抽烟、喝酒、性行为、吸毒。"

　　"这的确是目前我们主要担心的事情。"我同意他的说法，"但是，解决了'日常小事'才能为解决'大问题'奠定基础。我们处理脏书包、破衬衫、不好的用餐习惯的方法，可能会改善也可能会恶化我们的亲子关系。我们对孩子起伏不定行为的反应，可能会让孩子远离我们，也可能会让彼此走得更近。我们对他们所作所为的反应，可能会引起他们的怨恨，也可能建立信任，增强孩子与我们的连结。并且，有的时候，只有这种连结才能保证青春期孩子的安全。当他们受到诱惑、面对冲突和困惑的时候，他们知道该从哪里得到指导和帮助。如果流行文化中那些不健康的声音向他们呼喊的时候，在他们的头脑中有另外一个声音，那就是你的声音：你的价值观、你的爱、你对他们的信任。"

很长一段时间的沉默之后，托尼问："我们的学习结束了吗？"

我看了一下表，告诉他："差不多，快了。"

"太好了。"他挥舞着手里的一沓卡通画，"今天晚上要练习这些方法，所以我想趁孩子还没有睡觉，早点到家。"

家长的故事

在下面的故事中，你可以看到父母们是如何运用某一个新方法，或者把几个方法综合起来运用，处理超过了

"日常小事"的情况。

盖尔的故事

上周的讲座简直就是为我量身定制的。我最近刚离婚，开始全职工作，如果说现在有什么需要迫切解决的，那就是和孩子们的合作。我的两个儿子都进入了青春期，但是他们从来不担当，也不帮忙。我知道这是我的错，因为我讨厌唠叨，所以所有的事情总是自己来做。

不管怎么说，周六上午，我和他们坐下来，向他们解释说我没有办法一边工作，一边还能像以前那样做所有的家务，我需要他们的帮助，我们作为一家人需要一起努力。然后，我把家里所有需要干的家务活都列出来，让他们从中挑选三项自己愿意做的。就三项，并且周末的时候，他们还可以轮换工作。

他们的第一反应非常典型：大声地抱怨在学校里承受的所有压力，从来没有时间做任何事情，但是，最后每个人还是签了三项家务。我把这个清单贴在冰箱上，并且告诉他们，我下班回家之后，如果看到衣服洗干净、盘子收拾好、餐桌整理完毕以备晚饭，心里是会感到无比的欣慰。

当然，情况并不完全像想象得那么好，他们有的时候会干一些家务，有时也不干。他们不干的时候，我会指一指清单，然后他们就去做了。

如果我一年前知道这些就好了……

劳拉的故事

我女儿用一种新方法告诉我她对我不满意，她用沉默来对待我。如果我问她出什么事了，她会耸耸肩，看着天花板，这很激怒我。

但是，在参加了上周的学习之后，我有了很好的应对方法，决定尝试一下。我到家的时候，她正在厨房的餐桌边吃点心。我拉了一把椅子坐下，对她说："凯莉，我不喜欢我们现在这样的状况。"

她双臂交叉，看着别的地方。我没有就此打住，继续说："我做的有些事情让你生气，你不告诉我，这就又会让我生气，结果我对你大声嚷嚷，让你更生气。所以，凯莉，我现在意识到我需要你直接告诉我，是什么事情困扰你了。"

她耸耸肩，又看别的地方。这个孩子不会让我省心。"如果这样做太难的话。"我对她说，"你至少给我一个提示，什么提示都行，我不在乎是什么样的提示。敲敲桌子、挥挥纸巾、手纸放头上，什么都行。"

"哦，妈妈，你疯了。"她说完，离开了屋子。

我觉得自己确实是疯了，但是几分钟之后，她回到厨

房，一副搞笑的表情，头上有个白色的东西。我说："头上是什么东西……哦，对了……手纸。"我们俩开怀大笑。这是很长一段时间以来，我们第一次真正意义上的谈话。

琼的故事

昨天晚上，我 15 岁的女儿宣布她要穿鼻洞。

我快疯了，开始对她尖叫："你神经了？上帝给了你这么漂亮的鼻子，你为什么想在上面打个洞？你为什么要自残？我从来没有听说过这么蠢的想法！"

她也反过来对我尖叫："我就想戴个鼻环！你去看看别的孩子都做了什么。肯姆的舌头上有装饰钉，布瑞纳的眉毛上有个环，阿什利的肚脐上也有一个环！"

"哼，她们也都很愚蠢。"我说。

"我不和你说了，你什么都不理解。"她大喊大叫，跺着脚离开了屋子。

我站在那里，心想：我不是正在参加沟通的学习吗？太棒了！我不想放弃，只是需要找到更好的方法来说服她。

于是，我上网查询有关在身体上打洞的信息。结果，发现我所在的郡有相关的规定：任何 18 岁以下的人，如果没有父母或者监护人的书面证明，而在身体上穿刺、烙印、刺青都是违法的。唯一的例外是扎耳洞，还有一整版的篇幅报道了因器械不干净或者条件不卫生而引发的所有疾病：肝炎、破伤风、感染、疱疹……

等她最终从自己房间里出来的时候，我告诉她，我为刚才那样说她和她的朋友道歉，但是网上有些信息，我认为她应该看看。我指着屏幕让她看。

她看了一眼，说："哎呀，我认识的人没有因为这个生病的。反正我要试试。"

"问题是，我不想试。你的健康对我太重要了。"

她说："好吧，我去找正规医生，让他给我做。你要做的就是写一个书面许可信。"

我说："不行，我还是不同意。另外，我了解自己，光看着自己的女儿戴着鼻环走来走去就已经够让我难过的了，我不想每次看到你都难过。你18岁以后，如果还是觉得这对你很重要，那时候你再决定是否还去做。"

她没有强烈反对我的决定，好像也接受了，至少到目前为止是这样的。

托尼的故事

我14岁的儿子保罗，在屋里走来走去，好像是在另外一个世界。如果我让他做点事情，他会说："好的，爸爸。"然后就没有结果了，一边耳朵进，另一边耳朵出。上周末，我使用了两次"不寻常的方式"。

第一次，用吸血鬼德古拉伯爵的声音大声说："我想让你把垃圾拿出去。"他看着我眨眨眼睛。"别让我等，"我说，"等待会让我发疯的！！！"

他大笑起来，说："好吧，我最好还是遵命。"

第二次，我看到他的房间地板上有一碗吃剩的麦片，我指着碗，用正常的声音说："保罗，你知道这是什么吗？"

他说："知道，是碗。"

我说："不对，是个聚会的邀请。"

"什么？"

"邀请周围邻居家所有的蟑螂都来保罗的房间聚会。"

他咧嘴一笑："好了，爸爸，我知道你的意思了。"他把碗捡起来，放到厨房。

我知道用搞笑的方法不是每次见效，但是管用的时候，还是挺好的。

麦克的故事

我女儿这星期让我措手不及，她对我说："爸爸，现在我要问你一些事情，我不想吓到你，听你说'不行'，你先听着。"

"我在听着。"我说。

"我 16 岁的生日聚会上，想喝点红酒。你先别激动，你要知道，很多和我一样年龄的孩子在他们的生日聚会上都有红酒，这样才能让那个夜晚很特别。"

她一定从我脸上看出了不同意，加快了游说的速度。"好吧，也许不一定是红酒，但是如果连啤酒都没有，就没有人会来了。其实，我不用非得准备，如果我的朋友自己带酒过来，也是可以的。好吗，爸爸？这也不是什么大事，不会有人喝醉的，我保证。我们就是为了好玩。"

我差点一口拒绝她，但是我并没有这么做，我说："珍妮，我知道这对你很重要，我需要想一想。"

当我把珍妮想做的事情告诉妻子的时候，她马上找来上周的学习笔记，指着"写纸条"说："如果你写下来，她就会读，如果你光说，她就只会和你吵了。"

下面就是我的信：

亲爱的珍妮：

对你在生日聚会享用葡萄酒的请求，我和妈妈做了慎重的考虑。因为以下的原因，我们不能同意：

1.为21岁以下的人提供酒精饮料在我们这个州是违法的。

2.如果我们无视法律，导致参加聚会的人回家发生车祸的话，我们作为父母是要负法律责任的。更重要的是，我们还要承担道德的责任。

3.关于你的另外一个提议，如果我们允许你的朋友带啤酒来，就等于说："你们这些孩子违法没关系，只要我们父母假装不知道就行。"这么做是不诚实的，是虚伪的。

你 16 岁的生日是个里程碑，让我们一起商量如何用安全、合法、有趣的方式来庆祝。

爱你的爸爸

我把信从门下面塞了进去。之后她一直再没有提起这件事。但是，那天稍晚些时候，她接了几个朋友的电话后，走到我们跟前，提出了几个建议，弥补没有"真正"饮料的遗憾。她提出找个人扮演"猫王"，开个卡拉 OK 聚会，或者找人表演占星术。

所有这些都还处于商讨阶段，但是有一件事，我和妻子都知道，那就是不管最后做出什么样的决定，我们准备在那天晚上一直不离开现场。因为我们偶尔听到孩子们说：'会离开聚会，去拿藏在车里的酒，然后微笑着一脸无辜地再回来。'我们还听到孩子们说：'带自己的瓶装水来，里面的水其实是伏特加或者杜松子酒。'所以，我们不是干涉他们，而是尽量小心谨慎、保持警惕。

琳达的故事

还记得我说过我要把这些卡通漫画贴在衣柜门里面吗？我真的这么做了，并且帮助很大。这个星期，每次要对孩子大吼大叫的时候，我就控制自己，回到卧室，打开衣柜，看看上面的漫画，尽管我的情况和上面的有所不同，但是，我还是会想出好办法来应对。

上周五，我儿子上学迟到了，这就意味着我上班要迟到。我没有控制住自己："你已经 13 岁了，还没有时间观念。你为什么总是这样对待我？我给你买的新表，你戴了吗？没有。我和你说话呢，你竟敢走开！"

他停下来，瞟了我一眼，说："妈妈，回去看看你的衣柜门！"

鼓励青少年与我们合作

不要命令（"关掉音乐！我说现在就去！！"），可以：

描述问题："音乐太吵，我没有办法想问题，也没办法说话。"

说出你的感受："我的耳朵震坏了！"

给出提示："经常听这么大的声音会损伤听力。"

提供选择："你愿意做什么：关掉声音，还是调低点，关上门？"

用简单的词语表达："声音！"

表达你的价值观和期望："我们需要顾及到彼此对高音量的容忍度。"

出其不意：用手捂住耳朵，做调低音量的手势，双手合十鞠躬做感谢的姿势。

写成文字：这么大声的音乐

聚会的时候放会很酷

但是只有我和你的情况下

它太、太、太、吵了！！！！

—— 第 3 章 ——

惩罚还是不惩罚

To Punish or Not to Punish

　　我们的第三节课还没有开始。就在大家还在三五成群聚精会神讨论的时候，我听到一些只言片语。

　　"她这么做了以后，我就在一个月内限制她外出！"

　　"后来，我对自己说，我不再是老好先生了，我对这个孩子太宽容了。这次他要受到惩罚。"

　　我心想："我们还没有开始讨论关于惩罚的话题，但是听上去有些父母早就已经准备好了。"

　　"劳拉，麦克，"我说，"你们愿意告诉大家孩子做了什么事情让你们这么生气吗？"

　　"不只是生气，"劳拉急促地说，'我担心得要命！凯莉本应该六点参加她朋友吉尔的生日聚会，结果七点的时候，我接到吉尔妈妈的电话，'凯莉在哪儿？她知道我们要在七点半的时候去保龄球场，邀请信上写着呢，现在我们所有人都穿着外套在等她。'

　　"我的心开始乱跳。我说：'我不知道，她提早很长时间就走了，应该早就到了。'

　　"'好吧，我觉得也没有必要担心。只希望她马上到。'吉尔妈妈说，然后把电话挂了。

"15 分钟之后，我打过去电话。吉尔接的，'没有，凯莉还没到。我今天在学校的时候，还提醒她别迟到。'

"当时我真的慌了，脑海中闪现出可怕的场面。难熬的 20 分钟过去，电话铃响了，是吉尔妈妈打来的：'我猜你一定想知道凯莉的情况，她已经到了，她好像在路上遇到几个男生，忙着和他们说话，忘记我们都在等她。我只希望我们预定的保龄球别被取消。'

"我替女儿向她道歉，并感谢她给我打电话。但是，当凯莉聚会回来，我就开始向她发火：'你知道你让我多难受吗？你怎么这么不体谅别人？这么不负责任？除了自己，你从来不考虑别人。这是吉尔的生日。你不应该对朋友负责吗？没有！你想的都是和那些男生寻开心。好了，开心够了吧，小姐。你要被限制外出一个月！别想让我改变主意，我不会的。'

"好了，这就是我对她说的。但是，现在我也不知道……也许对她太严厉了。"

"好像和我的情况差不多。"麦克评论道，"凯莉自作自受，我儿子也一样。"

所有的人都扭头看着他。"怎么了？"有人问，"他做什么了？"

"是他不去做事。"麦克回答道，"是他的作业问题。自从杰夫组建了一支球队，他所关心的就是足球。每天训

练完，很晚回家，吃完饭就关在自己的屋子里。我问他写完作业没有，他说：'别担心，爸爸，早就做完了。'

　　"好了，到了星期天，杰夫出去了。我路过他的房间，看到门口的地上有一封信。我捡起来一看，信是写给我的，已经被打开，日期是一个星期之前。你猜怎么着？是一封数学老师写的警告信。杰夫没有交作业，过去的两个星期一点作业都没有交。我看到信的时候，气死了。

　　"他进门的时候，我就已经等着他了。我拿着信，对他说：'你在写作业的事情上对我撒谎。你拆了写给我的信。你一直没有给我看这封警告信。好吧，我告诉你，先生，这学期不能踢球了。我明天就和你们教练说。'

　　"他说：'爸爸，你不能这样对待我！'

　　"我说：'我没有对你做任何事情，杰夫，是你自作自受，就这样定了。'"

　　"但是，真的就这样定了？"劳拉问。

　　"杰夫不这么想，他整整一个星期都在做我的工作，希望我改变主意。我妻子也这样做。"麦克刻意瞟了妻子一眼。"她觉得我太严厉了。是不是，亲爱的？"

　　"那你认为呢？"我问麦克。

　　"我认为杰夫现在知道我是当真的。"

　　"对，"托尼附和道，"有时候，惩罚是唯一让孩子懂得规矩的方法，让他们更有责任感。"

"我想知道，"我问大家，"惩罚能让一个孩子更有责任感吗？花时间想一想你自己的成长经历。"

凯伦第一个做回应："惩罚让我更没有责任感。我 13 岁的时候，被发现抽烟，妈妈剥夺了我打电话的权利。结果，我抽得更多。只不过是躲在后院里抽，不让他们发现我。然后，我回家刷刷牙，满脸笑容和妈妈打招呼：'嗨，妈妈。'我曾经戒过几年，但不幸的是，我现在还抽烟。"

"我不知道，"托尼说，"在我看来，惩罚还是起作用的。以我为例吧，我曾是个坏孩子，和我在一起的那些人经常会惹麻烦，我们是一群野人。其中有个家伙最后进了监狱。我发誓，如果不是我爸爸因我所做的事情惩罚我，我不知道自己现在在哪儿呢。"

琼说道："如果不是经过治疗，帮助我抹去惩罚带给我的影响，我也不知道自己现在在哪儿呢。"

托尼对她的评论有些吃惊，对她说："我没有听明白。"

琼解释道："我的爸爸妈妈都相信，如果一个孩子做错事，不去惩罚她，那就是不负责任。他们总是告诉我惩罚我是为了我好，但是，这对我并不好。我变得易怒、沮丧、没有自信，在家里没有人可以交谈。我感到非常孤独。"

我在叹息。刚才大家描述的都是关于惩罚的常见弊

病，是的，有的孩子因为惩罚变得沮丧，感到无助，开始对自己失去信心。

的确，对像托尼这样的孩子，得出的结论是他们很坏，需要惩罚才能变好。

然而，对凯伦这样的人来说，他们变得易怒且心存怨恨，他们继续自己的行为，只不过想办法不被抓住。他们没有变得更诚实，而是更警觉、更隐蔽、更诡诈。

惩罚作为管教孩子的首选方法已经被广泛接受，事实上，是把管教和惩罚混为一谈。那么，我如何来和大家分享我的观点：在一个互相关爱的关系中，没有惩罚。

我大声说："如果要求我们放弃惩罚作为管教的手段，我们会变得完全无助吗？我们的青少年就会掌控一切吗？他们就会变得野蛮、缺少管教、自私自利、娇生惯养、没有是非观、凌驾于父母之上吗？有没有别的取代惩罚的方法能激励我们的青少年行动做事更有责任感？"

代替惩罚的方法

⊙ 表达你的感受

⊙ 表明你的期望

⊙ 告诉孩子怎样弥补失误

⊙ 提供选择

⊙ 采取行动

我问劳拉和麦克是否愿意针对目前他们孩子的情形，试着使用这些方法，他们俩都表示愿意接受挑战。下面，你会看到以卡通漫画的形式，展现出在不同的场景下，使用新方法所产生的效果。首先，我们来看劳拉如何应对她的女儿凯莉，她因为不守时，让妈妈非常担心。

代替惩罚的方法

表达你的感受

表明你的期望

代替惩罚的方法（续1）

告诉孩子怎样弥补失误

提供选择

代替惩罚的方法（续2）

假设凯莉不断找借口怎么办？假设妈妈又接到一个问"凯莉在哪儿"的电话怎么办？凯莉下次想去朋友家，妈妈可以这么做：

采取行动

大家深有体会。许多父母发表自己的看法：

"当你在最开始谈到代替惩罚的方法时，我曾担心你会用'老好人'的方式，让父母对孩子少一些斥责，让他们得以逃脱。但是，这种方法更有力量，你通过说出自己的感受、表达自己的期望，让孩子想办法对自己的行为负责。"

"并且这些方法不主观、不苛刻，也不会让这个女孩觉得自己很糟糕。严厉但是用尊重的态度。尊重她，也尊重你自己。"

"是啊，你没有把父母放在敌对的立场，而是站在孩子这边，同时对她提出了更高的标准。"

"并且告诉她该如何达到这个标准。"

"还有，你并没有传递这样的信息：'我对你可以全权控制。我不允许你做这个……我要剥夺你这个。'相反，你把权利交给孩子。把球传给了凯莉，让她来决定该如何做，才能让妈妈感到安心，比如，如果她晚了就给家里打电话，到了以后或者准备离开的时候也都应该打电话。"

劳拉用手抱着头，叹息道："我不知道，在这里和大家一起讨论的时候，我很自信。但是，面对现实的时候，我又会怎么样。这种方法对父母要求很多。这意味着你得采用完全不同的态度。事实上，惩罚会更容易些。"

"容易，但却是暂时的。"我同意她的观点，"如果你

的目的是希望帮助女儿勇于承担责任，同时又要与她维持良好的亲子关系，那么惩罚她就会弄巧成拙。

　　"但是，劳拉，你说的也对，这种方法确实需要换位思考，我们要多练习。我们来看看这个方法在麦克和儿子之间的问题上如何运用。"

代替惩罚的方法

表达你的感受

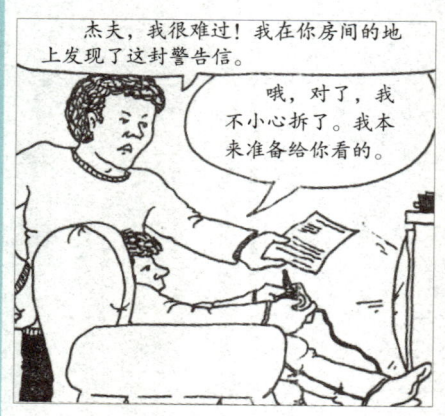

表明你的期望

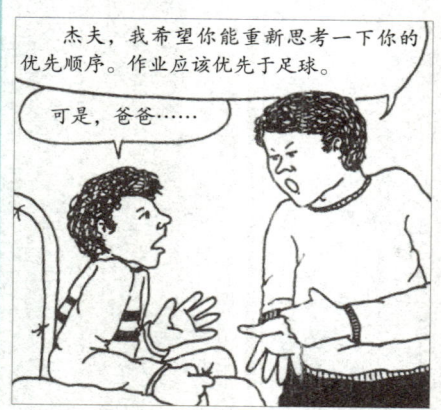

代替惩罚的方法（续1）

告诉孩子怎样弥补失误

提供选择

代替惩罚的方法（续2）

如果杰夫确实完成了作业，补完功课，但是，渐渐地，他又落下作业，该怎么办？爸爸可以这么做：

采取行动

托尼摇摇头说:"也许我漏掉了什么内容,我看不出'采取行动'和'惩罚杰夫'之间有什么不同。不管哪种方式,都是爸爸让他离开球队。"

"等等,我觉得自己终于开始有点明白了。"劳拉说道,她转向托尼,"当你在惩罚孩子的时候,你向他关上了门,他没有回转的余地,这是一个无法改变的决定。而当你采取行动的时候,孩子或许不喜欢你的做法,但是,大门还是向孩子敞开的,他仍然有机会改正。他可以面对自己的问题,并试着来解决,他可以把'错误'纠正过来。"

"劳拉,我喜欢你的解释。"我说,"我们采取行动的目的,不仅仅是阻止那些让人无法接受的行为,而且要给孩子从错误中学习的机会,一个让他们纠正错误的机会。惩罚或许可以阻止行为,但是同时也剥夺了孩子自我修正的机会。"

我看了一眼托尼,他看上去仍然有些疑惑。我继续说,决定给他解释明白:"我认为一个青春期的孩子,被限制外出一个星期,他是不会躺在自己的房间这么想的:'哦,我真幸运,我有这么了不起的父母,他们正在给我上有价值的一课。我永远都不会再这么做了!'他更有可能会这么想:'他们太独断了,不公平,我讨厌他们,我要报复他们,我下次还会再做,只不过要确保不让他们抓住我。'"

现在,大家都安静地听着,我试着总结道:"在我看来，惩罚所带来的问题是，它太容易让一个青春期的孩子忽略错误，而把注意力放在父母身上，认为他们是多么不可理喻。更糟糕的是，它阻碍了孩子成为一个更成熟、更有责任感的人。

"孩子犯错之后，我们希望看到什么呢？我们希望他们看到自己做错了什么，这样他才能理解为什么错了，为自己所做的感到后悔，并且想办法保证下次不再错，认真思考如何弥补错误。也就是说，我们希望他们真正改变。我们的孩子需要学习思想、感情的功课，而惩罚会干扰这个重要的过程。"

屋子里一片寂静。大家在想什么？他们仍在怀疑吗？我讲清楚了吗？他们能接受刚才所听到的吗？我看了一下表，时间不早了。"我们今天晚上在这里学习很辛苦，"我对大家说，"我们下周见。"

托尼举起手。"最后一个问题，"他喊道。

"说吧。"我点点头。

"如果运用了今晚学习的所有方法，但是孩子仍然不改正怎么办？假设他不知道如何做到你所说的'自我修正'，那接下来该怎么做？"

"那就需要做更多的工作来解决问题，这比刚出现问题的时候要更复杂，所以需要你花更多的时间、提供更多的信息。"

托尼看上去有些困惑。"怎么做呢？"

"通过'解决问题'的方式。"

"解决问题？"

"我们下周会讨论这个话题，我们会想办法让父母和孩子共同努力，寻找可能性，一起解决问题。"

那天晚上，托尼第一次笑了。"听起来很不错，"他说，"我不会错过的。"

家长的故事

讲完"代替惩罚"之后的那一周里，有几个父母介绍了他们是如何把新方法运用到实际行动中的。

第一个故事来自托尼和他 14 岁的儿子保罗。

托尼的故事

保罗和他的朋友马特从马路上气喘吁吁地跑过来，咧着大嘴笑。我说："怎么了？小伙子们。"他们说："没事儿。"然后对视了一下，又开始大笑。接着，马特和保罗嘀咕了一会儿，就走了。

"他和你说什么了，为什么不告诉我？"我问保罗。他不回答我。我说："实话告诉我，我不会惩罚你的。"

最后，我终于知道了真相：原来他和马特骑车去社区的游泳池去游泳，但是晚上关门了。他们查看了所有的门，发现有一个门没有锁，可以进去，所以他们就打开所有的灯，到处乱跑，大喊大叫，敲打所有的长椅，把椅垫到处乱扔，甚至扔到游泳池里。他们觉得这么做太好玩了。

孩子们应该庆幸我答应不惩罚他们，但我听到这些的时候，真想把书扔过去、不给零花钱、没收电脑、限制外出。让这些惩罚抹去他一脸的傻笑。

我说："保罗，你听着，这很严重。你做的这些有个罪名，叫做'毁坏公物罪'。"

他脸红了，叫道："看吧，我就知道我不应该告诉你，我就知道你会大惊小怪。我们又没有偷东西或者往池子里撒尿！"

"好吧，幸亏你们没有那么做。"我说，"但是，保罗，这是件大事。社区里很多人努力工作，才筹集到足够的钱为他们的家庭建了这个游泳池，他们引以为豪，并且很辛苦地维护它。你也正好就是在这个游泳池里学会的游泳。"

保罗说："你这么说是什么意思，想让我感到内疚？"

"你说对了。"我说，"因为你做错了，所以现在需要改正。"

"那你想让我做什么？"

"我想让你回游泳池去，现在就去，把所有的东西恢

复原状。"

"现在？！……哎呀，我刚回家！"

"对，现在。我开车送你过去。"

"那马特呢？这是他的主意，他也应该去！我给他打电话。"

他给马特打电话，开始的时候，马特说："没门儿。"如果他做的被妈妈发现的话，就死定了。于是，我接过电话来，说："马特，你们俩做的事情，需要你们俩来处理。我十分钟以后过去接你。"

最后，我开车带孩子们回到游泳池。幸运的是，门仍然开着。那里一片狼藉，我告诉他们："你们知道该做什么。我在车里等你们。"

大约过了 20 分钟，他们出来了，对我说："都弄好了，想去看看吗？"我说："好啊，我云看看。"于是，走进去检查。

所有的地方都收拾好了。长椅摆得整整齐齐，椅垫也都放到了原处。我说："很好。一切都恢复了原貌。关灯，我们回家。"

回家的路上，他们一直很安静。我不知道马特在想什么，但是，我知道保罗最终明白了他为什么不应该做那些错事，他会很高兴有机会去"改正它"。

琼的故事

瑞吉尔进家门的时候，我正在做晚饭。看到她眼睛充血，又傻笑，我就知道她"高了"。我不能确认她是不是抽了大麻，但还是希望不要发生比这更糟糕的事情。

我说："瑞吉尔，你吸毒了。"

"你总是对我胡思乱想。"她说，然后回自己房间了。

我呆呆地站在那里，简直不敢相信。就是这个孩子上个月刚刚向我透露："你发誓不要告诉任何人，妈妈，路易斯开始抽大麻了。你能相信吗？这太可怕了！"

我记得自己当时还想："谢天谢地，幸亏不是我女儿。"可是，现在却是这样！我不知道该怎么办。我不准她出门？放学后禁止去任何地方？（特别是绝对不能去路易斯家！）从现在开始放学直接回家？不行，那样只能导致争吵和眼泪，而且也不现实。

但是，我也不能假装什么事情都没有发生。我知道现在没法和她谈，需要等她的药劲过去，并且，我也需要时间来想一想。我是不是该告诉她自己在青春期的经历？如果要告诉的话，告诉多少？能帮助她醒悟吗？或许，她正好找到了借口（"你那么做，现在也没事啊"）？总之，在接下来的几个小时，我想象出和她谈话的各种方式。最后，吃完晚饭，她看上去清醒了一些，我们便开始了谈

话。下面就是谈话的真实记录：

"瑞吉尔，你不用辩解，我已经都看见了，也知道我该知道的了。"

"哦，妈妈，你太小题大做了！只不过就一点大麻而已。别跟我说你在我这个年龄的时候从来没有试过。"

"其实……我那会儿要比你大一些。16 岁，不是 13 岁。"

"你瞧……那你现在不也挺好的。"

"那时候，我可没有这么好。我的老朋友，就是你称作'好孩子'的，不再和我做朋友了，我成绩一落千丈。事实上，开始的时候，我不知道会对自己有什么影响，我认为没有什么伤害，不会比抽烟更有害处。"

"那你是怎么戒掉的？"

"是因为伯瑞·盖福特，我们班的一个男生。在一次聚会上，每个人都'高'了，他离开的时候，开车撞到了树上。最后，住进了医院，诊断为脾破裂。过了几天，我们都被要求去参加了解毒品的学习，每个人都发了有关毒品的宣传册。从那以后，我觉得那样做很不值得。"

"哦，也许他们只是吓唬你们。"

"我也曾这么想，但是，后来我读了所有的宣传册，有些是我已经知道的，但是有很多是我还不知道的。"

"比方说？"

"比方说，吸食大麻之后，大麻成分会在身体里面存留几天，它会损伤你的记忆力和协调性，甚至会扰乱你的生理周期，它比吸烟更有害。我以前不知道大麻比香烟更容易导致癌症，这让我很吃惊。"

瑞吉尔突然显得很担心。我拍拍她的肩膀，说："听着，女儿，如果可能的话，我会白天晚上都跟着你，确保没有人送给你或者卖给你任何给你带来伤害的东西。但是，那么做太疯狂。所以，我只能相信你有足够的智慧保护自己，远离那些垃圾东西。我相信你能做到，我相信不管多少人给你施加压力，你会对自己的生活做出正确的决定。"

她依然显得有顾虑，我给了她一个大大的拥抱，结束了谈话。我们后来不再谈起它，我认为自己所说的还是产生了影响，但是仍然不能放松警惕。孩子们在毒品的问题上对父母撒谎（我知道这一点，因为我曾经那么做过），所以，即使我对窥探隐私有不同的看法，但我还是认为要经常检查她的房间。

盖尔的故事

我 15 岁的儿子尼尔问我，他童年的朋友朱丽叶周六晚上是否可以来家里过夜。因为她的父母去别的地方参加婚礼，她的奶奶原来计划要陪她，结果生病了不能来。

　　我心想："有什么不行的？我的小儿子周末去他爸爸那里，朱丽叶正好可以住他的房间。"当然，我和朱丽叶的妈妈确认过，看看她的想法。她喜出望外，有这么一个负责任的成年人晚上照顾她的女儿，她很放心。

　　朱丽叶来了以后，我带她看睡觉的地方，我们三个人吃了一顿很好的晚餐，然后一起看录像。

　　第二天早上，朱丽叶的妈妈打来电话，说自己已经到家了，要和朱丽叶说话。我上楼去叫她。她的门半开着，床像是没有睡过！我昨天仔细摆放的枕头原封不动地在那里。我惊讶地张大了嘴站在门口，这时候，听到从尼尔的房间里传来大笑声。

　　我"咚咚咚"地敲他的门，大声嚷嚷道："朱丽叶的妈妈在电话上，想要和她说话。"

　　房门终于开了，朱丽叶走出来，看上去衣冠不整，面带尴尬。她回避我的眼睛，跑下去接妈妈的电话，又跑上楼来拿她的背包，感谢我做的一切，然后回家去了。

　　她一离开房间，我就爆发了："尼尔，你怎么可以这样对待我！？我向朱丽叶的妈妈保证我会对她负责，让她安全，并得到保护！"

　　尼尔说："可是，妈妈，她……"

　　我打断他："别再说'可是妈妈'了，你做的这些没法原谅。"

"可是，妈妈，什么事也没发生。"

"哦，是吗？两个青春期的孩子一晚上都在一张床上，什么事情都没发生？你一定认为我太傻了。好吧，我告诉你下个周末都不能做什么吧，你不能和同学一起去滑雪。"

我说到做到，觉得他是自食其果。然后，我就离开房间，免得听他说我多么不讲理。

几分钟以后，我改变了主意，不让尼尔滑雪又怎么能帮助他认识到他做了不应该做的事情？所以，我又走进他的房间，说："听着，尼尔，忘掉我刚才说的滑雪的事。我真正想说的是：我知道性是很正常的、健康生活的一部分，但事实上，发生在孩子们身上，父母就会担心。他们会担心自己的女儿会怀孕，儿子会当上父亲，他们担心艾滋病，以及其他所有的事情……'"

他没让我说完，他说："妈妈，够了！我不需要性教育的讲座。我都知道了。另外，我还是要告诉你，什么事情都没有发生！我们只是躺在床上看电视。"

好吧，也许他们真的做了，也许什么都没做。我决定消除对他的怀疑，我说："我很高兴听到这些，尼尔，因为你邀请朱丽叶来我们家过夜，你就承担了一份责任，对她，对她妈妈……还有我。承担责任是引以为荣的事情。"

尼尔没有再说一句话，但是从他的表情上看出，我的

话触动了他。这对我来说，已经足够了，我能放下这件事了。

吉姆的故事

我们买了新电脑之后，妻子和我都认为我们完成了所有的基础工作：我们把它放在家庭活动室（不顾 12 岁女儿妮可的反对，她努力说服我们放到她的卧室）；我们安装了最新的过滤软件（听说至少有三百万色情网站是孩子容易不小心进入的）；我们制定了宽松的日程表，来满足每一位家人需要。我们还明确告诉妮可，晚上九点以后严格禁止上网，并且只能用于学校的作业，或者网上和朋友聊天。

听上去是不是很好？可是，几天前的一个晚上，我半夜醒来，看到家庭活动室的灯还亮着，就过去准备关灯，但却发现妮可正趴在电脑上。她太专注了，甚至都没有听到我的声音。我站在她身后，看到屏幕的话："科特妮，你听上去很可爱、好玩、性感。我什么时候可以见你？"当她一发现我在边上，马上敲了一个 pos（我后来才知道意思是"父母在旁边"），然后关上了屏幕。

我出了一身冷汗。我听到太多的新闻报道，关于小女孩在网上和青春期的男孩聊天之后所发生的事情。男孩奉承她，说他们有很多共同语言，让她觉得自己很特别，然后约她去一个地方见面。见面后才发现他根本不是可爱的小男生，而是一些老色鬼，不知道他们会对女生做出什么事情来。

我说："妮可，你知道自己究竟在干什么吗？你知道自己处在什么样的危险中吗？我应该永远取消你用电脑的权利！"

她立刻抵触起来。她说没有什么事情值得这么激动的，她只是寻点小开心，都没有使用真名，她有足够的智慧区别出"变态人"和正常人。

我说："妮可，听我说。你没有办法辨别出来！最坏的'变态人'能装得完全和正常人一样迷人。他们完全知道怎么糊弄小女孩，他们是老手了。"然后，我告诉她，我要知道她的密码，因为从现在起，我和她妈妈要定期检查她都上过哪些网站。

她怎么反应呢？我不相信她……我没有权利……我触犯她的隐私，等等。但是，当我给她讲完那些我听说的可怕故事，比如那些"正常"的男人原来是在逃犯、绑架者、强奸犯，甚至比这更糟糕，她只是轻声地嘟囔说："好吧，你听到的事，也不能全信。"

我猜她只是想挽回面子。但是，她多少也放松了一些，因为有爸爸坚定地看护着她。

代替惩罚的方法

青少年：你发誓要戒烟，结果还抽！你是个骗子。你
　　　　真蠢！

父　　母：你呢？闭嘴。这周末哪儿都不能去！

以下面的方式代替：

表达你的感受

"你这么说话让我很生气。"

表明你的期望

"当我准备戒烟的时候，期望从儿子那里得到支持，而
不是攻击。"

提供选择

"辱骂很伤人。你可以和我说说你认为如何帮助我戒烟，
也可以写下来告诉我。"

告诉孩子怎样弥补失误

"如果你意识到伤害了别人，最好是去道歉。"

采取行动（一边离开房间，一边说）

"谈话结束了。我不想受这种羞辱。"

帮助孩子在学习上主动、专注、自律、自信，
全面激发孩子的学习热情！

扫码免费听《如何说孩子才肯学》，
20分钟获得该书精华内容。

—— 第 4 章 ——

共同解决问题

Working It Out Together

　　凯伦在大家还没有准备好的时候，就要开始今天的讨论了。"我今天迫不及待地要来这里，还记得上周托尼问'如果代替惩罚的方法都不管用，怎么办？'，你当时说可以用'解决问题'的办法。我现在和斯黛丝之间遇到了大问题，不知道该如何解决。"

　　"好消息是，"我说道，"你不用独自解决这个问题。今天将要学习解决问题的'五步法'，就是让父母和孩子坐下来，一起解决问题。"

　　"坐下来？"劳拉叫道，"谁有时间坐下来？我们家每个人总是各忙各的，我们都是急匆匆地说话。"

　　"现在大家的日程的确都安排得很满，"我说，"不容易找到时间，但是，'时间'又是我们解决问题的过程中所必需的。如果问题的双方都很忙碌或者急躁，那就不能在一起积极思考。如果想要用这个方法来取得好的效果，最好是等双方都比较平静的时候。"

　　"没错，"托尼说，"可是，当你让孩子知道你想和他谈谈，他做的事情是你不喜欢的，不管你多冷静，他可不会那么冷静。"

　　"所以说,"我接着说,"你要做的第一步,就是在提出问题后,让孩子告诉你他/她的想法。也就是说,暂时先把你的感受放一放,听她说。一旦她意识到自己的观点得到倾听和理解,就会更愿意听你说的话。"

　　"接下来呢?"凯伦急切地问。

　　"接下来,"我说,"就是你们俩一起想办法,找到对你们都适用的解决方案。举个我们家的例子。

　　"我儿子大概在 14 岁的时候,迷上了摇滚。他听那种音乐(如果你把它称之为音乐的话),声音大到能把窗户震得乱响。我让他把声音关小点,但不管用。我对他大声嚷嚷,让他关掉,还是没用。我尝试了关于'鼓励孩子合作'课程中的所有方法:我描述感受、给出提示、提供选择、写纸条……甚至用幽默的方法。我觉得自己很可笑,但他一点都不合作。

　　"有一天晚上,我失去了耐心,冲进他的房间,拔掉录音机电源,威胁他永远没收录音机。你可以想象接下来发生的争吵会是多么激烈。

　　"那天晚上,我很难入睡。第二天,我决定尝试一个从来没有用过的方法——'解决问题'的方式。我一直等到吃完早饭,才敢提这件事。他说:'哦,别说了,别再提了!'我说:'还是要提,只不过,这次我想从你的角度来看这件事……我真的想明白你是怎么想的。'

　　"这让他感到惊奇。他说：'总算可以说了！'接下来，他告诉我他的真实感受：'我觉得你太敏感了。音乐声没有那么大，要感受到节奏，听清楚歌词，声音就必须要足够大。歌词写得太棒了，尽管你不喜欢，但是，如果你真正听进去，可能也会喜欢的。'

　　"我没有和他争论。我回应他所说的一切，然后问他愿不愿意听听我的感受。

　　"他说：'我知道你的感受，你觉得太吵了。'

　　"'你说对了。我试着不受它的干扰，但是，不行。'

　　"'那就戴上耳塞。'

　　"我还是没有和他争吵。我把这个建议写下来，说：'这是我们的第一个建议！我们一起再想想，还有什么办法能让我们都满意。'

　　"后来，我们想出了解决问题的各种可能性：他提出的戴耳塞；给他的房间装隔音设备；在他房间里铺上地毯；音量调低一点点；关上厨房和厕所的门。

　　"最后，我们一起重新来看这个清单，我很快就删除了'让我戴耳塞'（我可不想戴着耳塞到处走来走去）、'让他带耳机'（大音量会损伤他的听力）、'装隔音设备'（花费太贵），但我们都同意'在他房间铺地毯'、'关门'、'声音调小'这几个方法。后来，他真正希望的是能让我和他一起听音乐，用他的话讲，就是'至少给个机会'。

　　"我确实听了，不久之后，我有一点明白了为什么这种音乐会吸引他，甚至开始理解为什么那些让我反感的歌词反而会让孩子们喜欢。我猜测，那是因为青少年与那些表达愤怒和纠结的歌词产生了共鸣。

　　"我后来喜欢上他的音乐了吗？没有，但是我能更接受它了。我认为那是因为我愿意花时间走进他的世界，他也变得更愿意和我配合。有时候，他甚至会问：'妈妈，是不是太吵你了？'

　　"好了，这就是我的经历。现在，我们来看看，同样的方法如何运用到多数人都熟悉的场景中：青春期孩子房间——乱七八糟、没有秩序、脏乱，你们还可以用其他的词语来形容。"

　　大家心领神会地笑起来。麦克说："我叫它'垃圾堆'。"

　　"在我们家，"劳拉补充道，"我们叫它'黑洞'，任何东西进去就出不来了。"

　　"那你们怎么称呼孩子呢？"

　　我听到满屋子的回应："邋遢鬼"……"猪"……"你像动物一样"……"看你房间的样子，谁会和你结婚？"

　　我拿过文件夹。"这里有另外一种讲话方法。"我边说边发资料，上面有"解决问题"的具体步骤。

　　下面几页就是我发给大家的资料。

共同解决问题

第一步：让孩子说出他的想法

共同解决问题(续2)

第二步：说出你的观点

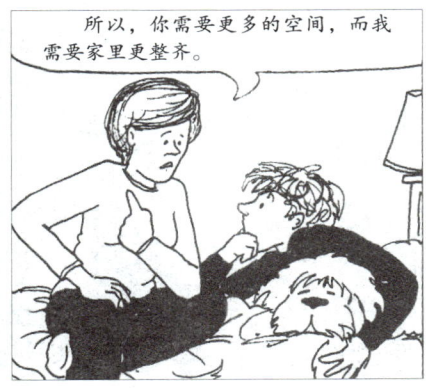

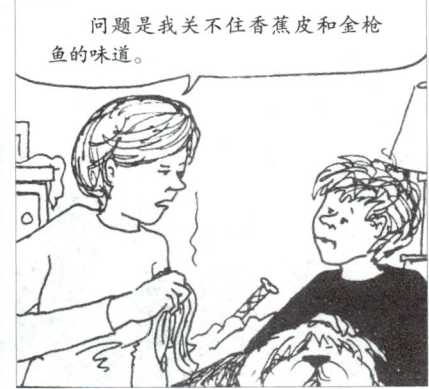

共同解决问题(续3)

第三步:和孩子一起集思广益

第四步：把所有的想法无论是否合理都写下来（不做任何评价）

共同解决问题(续5)

第五步：重新看一下清单。决定哪些建议是你们都同意的，如何付诸行动。

"我并不想唱反调，"凯伦说，"因为我看到这个方法对孩子房间脏乱的问题是管用的，但是这并不是什么严重问题。斯黛丝这周做的事情确实让我很担心，我知道自己被她激怒，把事情弄得更糟，但是我还是不知道该对她如何运用这些方法。"

"那她都做了什么？"劳拉问，"别让大家都蒙在鼓里。"

凯伦深吸了一口气。"好吧，事情是这样的：上周五，我和丈夫出去吃晚饭、看电影。临走之前，13 岁的女儿斯黛丝问我们是否可以让她的两个女同学来家里玩儿，我们当然同意了。电影结束得早，我们回家的时候，看到两个男孩从侧门跑出来，我丈夫跑着追他们，我进了屋。

"我一开门，就知道事情不好。窗户大开，屋里非常冷，到处弥漫着烟味。斯黛丝和她的女同学在厨房里正把啤酒罐塞进垃圾袋里，还用报纸盖上。

"她一看到我，就说：'不是我的错。'

"我说：'我们以后再说。'然后让女同学回家。她们一出去，斯黛丝就开始给我讲事情的全过程，找各种理由。

"我告诉她我不接受任何解释，她明知故犯，我和爸爸不会就此作罢。所以，这就是我今晚为什么来这里学习的原因。但是'解决问题'？我不知道。我真没有看出来这能帮助我。"

"我们不试就不知道。"我说,"你愿意和我来'角色扮演'吗?"我问她。

凯伦看上去有些犹豫:"我演谁呢?"

"你想演谁都行。"

她想了一会:"我想我还是演斯黛丝吧,因为我知道她都会说哪些事情。那我该怎么开始呢?"

"因为我是你妈妈,"我说,"是我担心这个问题。由我来开始这个对话。"

我把椅子拉向凯伦。"我希望你现在有时间,'斯黛丝',我们需要谈谈昨晚的事情。"

凯伦(现在是斯黛丝)懒散地坐在椅子上,转着眼珠。"我是想和你谈,但你不听!"

"我知道,"我说,"这是让人很沮丧,但是,我现在准备好要听了。"下面就是我们的对话:

斯黛丝:我说过,我不知道那些男生会来,我甚至都不认识他们。他们不是我们班的,是高年级的。

妈妈:所以说这些男生来完全出乎你的意料。

斯黛丝:对!我给杰西和苏西开门的时候,那两个男生站在她们后面。我从来没有邀请他们。

　　　　　我告诉杰西，如果让男生进屋，我父母会

　　　　非常生气的。

妈妈：所以你很清楚地告诉他们要离开。

斯黛丝：是啊，但是他们说就进来待几分钟。

妈妈：你认为他们会说到做到。

斯黛丝：是的，你知道我没有想到他们会抽烟喝
　　　　酒。我告诉他们别这样。他们笑话我，我
　　　　甚至都不知道杰西抽烟。

妈妈：所以你很努力地阻止他们。但是不管你怎么
　　　　说，没有人听。这让你很为难，斯黛丝。

斯黛丝：真的是这样！

妈妈：斯黛丝，听听我的感受。回家看到有男孩子
　　　　跑出去，闻到屋子里的烟味，垃圾桶里发现
　　　　啤酒罐……这让我非常吃惊！

斯黛丝：但是，妈妈，我告诉过你，这不是我的错！！

妈妈：我现在理解了，但是，我想确保下次不再发
　　　　生这种事。对我来说，最大的问题是，如何
　　　　让你高高兴兴邀请朋友来家里，同时又让爸
　　　　爸和我不在家的时候，能确保不破坏家规？

斯黛丝：妈妈，这没什么大不了的。我要做的就是
　　　　告诉苏西和杰西，你们不在家的时候，别
　　　　带男生来。

妈妈：好，那我写下来，这是我们的第一条建议。

现在，我有个想法：门上装一个猫眼，这样你开门之前可以看看谁在外面。

斯黛丝：如果有人要抽烟，我告诉他们必须去外面。

妈妈：我们可以做一些"禁止吸烟"的标识，放在屋子周围。你可以告诉大家是你妈妈让你这么做的……还有吗？

凯伦突然从角色中出来。"我明白了……我知道我们还没有演完，我知道我们接着要看一下所有的建议，然后决定哪些是最好的，等等。但我想告诉你，当我在饰演斯黛丝时的感受。太神奇了。我感到很受尊重……妈妈真的在听我说……告诉她我的真实感受很安全，她不会粗暴地打断我……这样想出的主意让我觉得很有智慧，我和妈妈是真正站在一边的。"

我微笑地看着凯伦。她用自己独特的方式，表达出沟通的核心，这正是我所希望看到的。

我感谢她对角色的全情投入，还和大家分享心理活动。好几个人为她鼓掌。

凯伦对他们咧嘴一笑，说："先别鼓掌呢，更艰巨的演出还在后面。现在真正的妈妈还得回家面对真正的斯黛丝。大家祝我好运吧！"

教室的四周都传来喊声："祝你好运，凯伦！"

讲座在高潮中结束。

家长的故事

如果父母肯花时间和孩子坐下来，尝试他们"解决问题"的新方法，就会有许多新的体验。下面是精选出来的反馈。

凯伦："解决问题"的方法可以帮助你了解事情的真正进展。

我上周学习结束之后，并不知道斯黛丝是否愿意和我交流，我们彼此都很反感对方。但是，当我一开始用"方法"的第一步：真正倾听她的观点，接纳她所有的感受，她就变了个人。她突然告诉我一些她以前从未给我讲过的事情。

我才知道其中一个男孩是杰西的新男友，她大笑、装傻，缠着他，他递给她烟，她就接过来，抽了。

我没有说一句话，我只是听她说，不时点点头。她告诉我那个男孩带了六盒烟，他们抽完之后，开始到处找酒喝。一个男孩发现了酒柜，他们俩自顾自喝了点威士忌。他们还想让女生也喝一口，但只有杰西喝了。

天哪，我真的在努力控制自己！我很高兴自己做到了克制。我们越交流，我越能理解斯黛丝的处境。我能看出她对这次经历有些兴奋，但更多的是害怕和不知所措。

了解到这些情况，让我们接下来的讨论变得容易了很多。我不必花时间解释我的感受（斯黛丝已经知道我对于抽烟喝酒的看法），我们也没有花太多时间，就列出了解决办法。下面就是我们达成的共识：

- ⊙ 父母不在家，不许男生进屋。
- ⊙ 不允许喝酒精饮料。
- ⊙ 如果有人一定要抽烟，就到外面抽。
- ⊙ 妈妈会告诉苏西和杰西新的家规（用友好的方式）。
- ⊙ 爸爸给酒柜上锁。
- ⊙ 如果需要成人的帮助，但是父母又不在家，就拨打冰箱上贴着的那些电话。

列出这个清单之后，我们的感觉都很好，因为我们一起解决问题。我没有发号施令，斯黛丝在这个过程中也有发言权。

劳拉：为了找到解决办法，不必走完"解决问题"的每一个步骤。

凯莉迈着华尔兹舞步走进我的房间，展示她的新衣服，她兴奋地说个不停："妈妈，看我用过生日的钱买的衣服！酷不酷？多时尚啊！你喜欢吗？"

我看了她一眼，心想："谢天谢地，她们学校有着装规定。"我又接着想："好吧，也许这个时间可以让妈妈和女儿运用一下'解决问题'的方法。"我从第一步开始：接纳她的感受。"凯莉，我知道了，你喜欢小T恤配低腰牛仔裤。"

接着，我表达自己的感受："我觉得这么穿太有暗示性了，我不想让我的女儿露着皮肤和肚脐在公众场合招摇过市，我觉得那样会让人误解。"

她不喜欢听到这些，坐到椅子上，说："哦，妈妈，你太过时了。"

"也许是这样。"我说，"但是，我们也许可以想办法……"我还没有说完，她就说："那我就不在公共场合穿，只在家里穿，只有女同学来家里玩的时候穿。好吗？"

"好啊！"我说。对话到此为止，至少是暂时结束了。我也知道现在的情况：女孩子出门的时候，用我妈妈的话讲，穿得就像个"小淑女"。但是，只要一拐弯，她们就会把 T 恤卷起来，牛仔裤拉低，肚脐露出来。

吉姆：不要拒绝孩子提出的任何建议，有时候，最糟糕的建议也会导致最好的结果。

我 14 岁的儿子杰瑞得，突然开始抱怨他 12 岁的妹妹，说妹妹让他无法忍受。每次他的朋友来家里，她总会找借口进他的房间，引起大家的注意。我理解她为什么这么做，但这让杰瑞得很生气。他对她大吼大叫，让她出去，也对我妻子大叫，别让妹妹进来。

一天，晚饭后，我决定和他运用"解决问题"的方法。在第一步的时候，需要自我控制一下。我需要让自己坐下来，听他对妹妹的所有抱怨。他一开始就没完没了地说："她简直是讨厌鬼……我朋友来家里，她总是晃来晃去……她想尽办法进我的房间……她要找纸或者让我看什么东西……她还从来不敲门……我让她离开的时候，她只是站在那里，像个傻瓜。"

我对他的烦恼表示了理解，但是，在我听到他用这种方式谈论妹妹的时候，我没有告诉他我内心有多难受。我知道他没有心情听我的感受。

我告诉他我们需要想办法解决这个问题，他说的第一个主意是"把她送到火星去"。

我把这个主意写下来，他开心地笑了。我们很快写下了下面的主意：

- ⊙ 在我的门上挂一个"禁止入内"的牌子。（杰瑞得）
- ⊙ 爸爸应该告诉她：除非我让她进来，否则她永远都不能进我的房间。（杰瑞得）
- ⊙ 杰瑞得应该用平静而婉转的方式自己告诉妹妹：他希望朋友来的时候，自己的私人空间能得到尊

重。（爸爸）

⊙ 和她谈判。如果她不打扰我的朋友，那她的朋友
　来家里的时候，我也不去欺负她的朋友。（杰瑞得）

事情就到这里，这是几天前的事。从那以后，杰瑞得
的确找妮可谈了谈，我也和她聊了聊。更大的考验还在后
面，他乐队的朋友在这个周六会到家里来进行练习，我们
拭目以待。

**麦克：如果父母用"解决问题"的方法对待孩子，那
么孩子也更愿意用同样的方法对待你。**

我无意中听到杰夫在电话里和他的朋友说，有个超好
的摇滚音乐会非去不可。他放下电话，对我说："爸爸，
我真的要和你谈谈。"

我心想："哎呀，又来了。我们又要重复老套的争执：
你从来就不让我去任何地方，不会有可怕的事情发生。别
人的爸爸就没有等等。"

但让我奇怪的是，他竟然说："爸爸，凯斯想让我参
加周六的音乐会，就在城里，但是在你发表意见之前，我
想听听你反对的理由，所有你不想让我去的理由。我写下
来，你知道，就像上周你对我做的那样。"

后来，我给他列了一个长长的清单。我告诉他心里的
担心：担心两个 15 岁的男孩独自在深夜等汽车；担心音

乐会上会散发毒品；担心抢劫犯和小偷会盯上他们；担心音乐会上煽动观众的时候，会有人从舞台上跳下来，让其他人接住，他们会受伤；还有，我对那些表达仇恨、贬低女性、警察、少数民族的歌词反感。

我说完以后，他看了一下潦草的记录，逐一回应了我的担心。

他说他会保证与凯斯一起和其他人在车站等车；他把钱包放在夹克的内兜里，拉上拉锁；他和朋友不会沾染毒品；他不知道会不会有煽动观众的环节，但是如果有的话，他也只是在边上看；他也不会那么容易受到一些无聊歌词的影响，而变成一个盲从的人。

他的话很成熟，我被他打动了，同意他去，但是有前提条件：孩子们不坐公共汽车，由妈妈或者我开车送他们进城；他们听音乐会的时候，我们去看电影，结束后再开车接他们回来。"如果你同意这个计划，"我对他说，"你要做的就是给售票处打电话，看看音乐会几点结束。"

他对我表示了感谢，我也感谢他认真考虑我的担心。我告诉他，他的解决方法帮助我去仔细考虑问题。

琼：有些问题是用"解决问题"的方式处理不了的，有的时候需要寻求专业帮助。

开始的时候，我以为瑞吉尔体重的减轻是因为她最近

锻炼的结果，但是，我不明白她为什么总是很疲倦，而且没有食欲。不管我做什么吃的，即便是她最喜欢吃的东西，她也只是吃一两口，把剩下的放在盘子里。如果我催她再多吃点，她就会说"我真的不饿"或者"我太胖了"。

一天早上，她刚冲完澡，我偶然和她撞上，我简直不敢相信所看到的，她瘦得像皮包骨头。

我完全不知所措，不知道我们是不是该坐下来一起要解决这个问题。我还是想试一试，但在第一步"回应感受"的时候就遭到反击。我说："宝贝，我知道最近我总是说你不吃饭的问题，我也知道那样很烦，我理解你为什么……"

不等我说完，她就回击我："我不想谈论这些，这不用你担心，这是我的身体，吃什么是我的事！"然后就回自己房间，甩上了门。

于是，我给家庭医生打电话。我告诉他所发生的事情，他催我带瑞吉尔去看看医生。她终于从屋子里出来，我说："瑞吉尔，你认为我不应该为你吃饭的事担心，但事实是我确实担心。你是我的女儿，我爱你，我想帮助你。但是，我不知道该如何帮助你，所以我约了医生去看病。"

唉，她可没让我好过（"我不需要帮助！你才有问题，我没有。"）但是，我没有做出让步，我们最后还是去看了医生。医生肯定了我最坏的猜测，瑞吉尔患上了饮食紊乱症，错过了几次生理周期，血压很低。

医生直接告诉她，她有潜在的严重健康问题，需要马上引起注意。幸好发现得早，瑞吉尔需要做特殊的治疗。她问："是什么样的治疗呢？"医生解释说是一种"团队治疗"的方法，由个人、集体、营养咨询师联合组成。

我们离开的时候，瑞吉尔显得很不安。医生微笑着握住她的手，说："瑞吉尔，你还是小姑娘的时候，我就认识你。你是个很阳光的孩子，我们对你很有信心。只要你开始接受这个治疗方案，就会好起来的。"

我不知道瑞吉尔是不是接受他所说的，但是我很感谢他能这么说，让人很放心。我不用独自面对这个问题，我可以从那里得到帮助。

共同解决问题五步法

父母：这是你第二次过了规定的时间回家！那好，下周就别想再去什么地方了，周末就待在家里。

用下面的方法代替：

第一步：让孩子说出他的看法

父母：有什么事让你没能按时回家？

孩子：只有我一个人是十点之前必须回家。总是在大家还玩得高兴的时候，我就得离开。

第二步：说出你的观点

父母：如果我期望你在某个时间能到家，但是你还没有回来，我就会担心。我会联想很多可怕的事情。

第三步：和孩子一起集思广益

父母：我们看看有什么办法，既能让你多点时间和朋友在一起，又能让我放心。

第四步：把所有的想法都写下来（不做任何评价）

1.让我在外面想待多久就待多久，你不用等我。（孩子）

2.结婚前不能再外出了。（父母）

3. 把回家的时间推后到十一点。（孩子）

4. 回家的时间暂时延长到十点半。（父母）

第五步：重新看一下清单。决定哪些建议是你们都同意的，如何付诸行动。

孩子：十点半好一些。但是为什么是暂时的？

父母：我们可以改为永久的。你要做的就是证明你从现在起能准时回家。

孩子：好吧。

—— 第 5 章 ——

走进孩子的内心世界

Meeting the Kids

　　我想见见这些孩子。我已经听说过他们，谈论过他们，想到过他们，现在我想亲自体验一下和他们在一起的感受。我询问父母们，是否可以安排一些时间让我和他们的孩子在一起：一次是互相了解，一次是教导他们沟通的一些基本方法，再有一次是我、孩子、父母都在一起。

　　他们马上回应我："那太好了！"……'好主意！"……"我不知道自己是否能让她来，但是我会尽力。"……"快告诉什么时候，我让他去。"

　　我们安排了三个时间段。

　　当我看到孩子们成群结队地走进房间的时候，马上开始把孩子和他们的父母对号入座。那个高高瘦瘦的是托尼的儿子保罗吗？他长得还是像托尼；那个脸上挂着友好微笑的女孩是劳拉的女儿凯莉吗？但是，我接着想："不，不能这样想，要把这些年轻人作为一个独立的个体来认识他们，而不是他们爸爸妈妈的延续。"

　　每个人都坐好以后，我说："也许你们的父母已经告诉过你们，我是教授沟通方法的，帮助人们与各种年龄段的人友好相处。但是，你们也知道'友好相处'并不容易，这意味着我们要彼此倾听，至少，要尽力去理解对方的观点和想法。

"现在，父母们当然已经明白了他们自己的看法，但是，我认为你们当中许多人，也包括我自己，都忽略了要去深入了解年轻一代的想法。这也是为什么你们今天都来到这里的原因。我希望今天能更好地了解你们的想法，不管是什么样的想法，只要是你们自己或者你们朋友的真实想法就行。"

那个长得像托尼的男孩咧嘴一笑，说："那你想知道什么？只管问我，我是专家。"

"哦，是吗？"另一个男孩窃笑道，"关于哪方面的专家？"

"我们马上就会知道。"我一边把准备好的问题发给大家，一边说，"请看一下上面的问题，写下你们觉得合适的答案，然后我们一起讨论。"

有人举起手来。

"什么事？"

"谁会看到我们所写的内容？"

"只有我会看到。你们不用在纸上写名字，没有人会知道这是谁写的。我只在乎真实想法。"

　　我不能确信孩子在上了一整天课之后，是否愿意回答这些问题，但是，他们确实做到了。他们研究每一个问题，时而看着窗外思考，时而低头回答问题，快速而郑重地写下答案。每个人都写完之后，我们把问题一起过了一遍，并且逐一讨论。多数孩子大声地说出他们的答案；有些孩子随声附和，补充他们的想法；也有少数孩子喜欢安静地倾听，看着他们写在纸上的答案。下面就是他们所讨论的问题：

　　当有人评论说："嗨，他是个青春期的孩子"的时候，你认为他们想表达什么意思？

　　"那意思就是我们不成熟、淘气、招人讨厌，但是，我不同意这个说法。每个人都有可能是那样的，跟年龄没有关系。"

　　"这个意思是所有青春期的孩子都很麻烦，但是，那是不对的，是歧视。青春期的孩子不都是一样的，我们都各有不同。"

　　"他们总是说：'你应该更懂事些。'或者，'做和你年龄相符的事情。'可是，我们就是在做这个年龄段会做的事情啊。"

　　"这是贬低和羞辱，成年人对我们的能力了解太少。"

　　"他们自认为了解我们，他们会说：'我们年轻的时候也遇到同样的问题。'但是，他们没有意识到时代变了，问题也会不同。"

你认为对于你或者你的朋友来说，这个年龄最美好的事情是什么？

"有更多的许可，更少的限制。"

"有更多乐趣，做我想做的事情。"

"交男朋友。"

"周末可以在外面待得晚些，和朋友逛商场。"

"享受生活，而不用承担责任，我知道这个以后才能实现。"

"离可以开车的年龄更近了。"

"可以自由地去体验，但是如果做错事，可以回到家人身边，得到他们的爱和保护。"

在你们这个年龄段，有哪些事情是你们担心的？

"不能适应环境。"

"不能被群体接受。"

"失去朋友。"

"担心别人会怎么看待他们。"

"担心自己的外表：衣服、发型、鞋子、品牌。"

"女孩要苗条可爱，男孩要酷，而且要健壮。"

"我们担心学业上的竞争，每晚要做很多的作业，通

过所有的考试。"

"担心我们的未来，考好成绩。"

"我担心毒品、暴力、恐怖袭击，以及类似的事情。"

"我担心会有校园枪击事件，很多人被枪杀。人们太容易得到枪支了。"

"青少年有很多的压力，也许比父母的压力还要大。他们可以对我们想怎么说就怎么说，但是我们不能对他们想怎么说就怎么说。"

父母的哪些言行对你有所帮助？

"我父母和我讨论事情，一起想解决办法。"

"我妈妈知道我什么时候心情不好，让我自己一个人待会儿。"

"我妈妈总是对我说我看起来很好，即便不是那样，她也会这么说。"

"我不会做作业的时候，爸爸帮我。"

"我爸爸给我讲他小时候遇到的麻烦，这样在我遇到麻烦的时候，感受会好些。"

"我妈妈告诉我，如果有人想让我尝试毒品，我该怎么拒绝。"

"我父母总是告诉我：'生活要有方向和目标，你一旦设定了目标，就可以让自己走入正轨。'"

父母什么样的言行对你没有帮助？

"他们责备冤枉我们。还有，当我告诉他们让我生气的事，他们说'放松一下'或者'别理它'让我真的很恼火。"

"我讨厌他们说我脾气不好，因为没有一个孩子天生就脾气不好。那不是本性，有时候是父母的错。他们起了坏的带头作用。"

"我妈妈批评我的学习习惯，这不公平，因为我学习还可以。"

"我讨厌父母对我大吼大叫。"

"我父母工作很忙，我们从来没有时间交谈，我是说，没有时间交谈每天的日常事情。"

"父母不应该总是批评和纠正他们的孩子，我哥哥就是这么被培养大的。现在他和上级处理不好关系，他辞去了所有的工作，因为没有办法和上级相处。我也有点类似，我不想听取别人的改正意见，我讨厌被人纠正错误。"

如果可以给父母提建议，你会提哪些建议？

"别再说：'你可以告诉我所有的事情。'如果我们真告诉他们，他们就会大发脾气，一通说教。"

"看到我们在做事情的时候，别明知故问：'你还打电话啊？'或者'你还在吃？'"

"自己做不到的事情，别要求我们做。比如喝酒、抽烟。"

"父母不应该在外面很友好，在家里责备、打击、不尊重孩子。如果孩子脾气不好，那是他们从家里学来的。所以，即便父母真的很恼火，想说什么，他们也应该试着控制一下。"

"父母应该相信我们。即使我们做错事，那也不代表我们就是坏人。"

"不要批评我们的朋友，你真的不了解他们。"

"如果我们愿意和朋友出去逛，而不愿意在家待着，不要让我们有内疚感。"

"如果你想让孩子说实话，不要因为一点小事就惩罚他们。"

"即使你的孩子不再是个小孩子，还是要告诉他们你爱他。"

"如果想让孩子体验生活，又保证安全，那就做个计划，并加以落实，因为这正是我们想要的。"

如果你可以给其他的青少年提些忠告，你会提什么？

"不要只为了让其他孩子喜欢你，就做傻事，比如吸毒。"

"对每个人都要友好，即便他并不是所谓的'风云人物'。"

"不要捉弄人。"

"不要通过电子邮件给别人带来麻烦。"

"交上真正的好朋友，这样，在你遇到困难，没有人帮你的时候，朋友会和你站在一起。"

"如果你想让父母允许你晚回家，那从现在开始就准时回家。"

"如果男朋友说你不和他有性关系，他就甩了你，那你应该先甩了他。"

"不要认为你只不过抽了几根烟而已，能戒掉。我的朋友开始也是这样想的，结果她现在一天要抽一包烟。"

"你要知道酗酒或者吸毒会毁了你的健康和未来。有的孩子会说：'我不在乎，这是我的身体，我想怎么样都可以。'但是，他们错了，不止是他们受伤害，所有关心他们的人都会感到失望和沮丧。"

你希望你的生活（无论在家里、学校还是和朋友在一起）有哪些不同?

"我希望父母能意识到我不再是小孩子了，让我自己做更多的事情，比如和朋友一起进城。"

"我希望老师能减少我们的作业，他们好像都觉得我们只上他教的那一门课。我们晚上为了写作业要很晚才睡

觉，所以上课的时候会犯困。"

"我希望自己的日程不要安排得太满，不是学习就是上音乐课，我想有更多自由的时间和朋友一起出去。"

"我希望朋友不用当着你的面表现好，背后说你坏话。"

"我希望朋友能友好相处，不要把我晾在一边。"

"我希望人们不要以貌取人，这就是我为什么喜欢上网的原因。在网上，即使你很怪异或者很丑，也没关系。"

"我希望我们不要为一些愚蠢的事情打架，比如因为'你看到你的人跟我在一起'就打架。打架不解决任何问题，最终只能导致休学，父母还要再惩罚你。"

"我希望父母不要苛求孩子完美。我的意思是，我们只有一次人生，为什么不停留一下，享受青春时光？我们为什么要永远出人头地？是的，我们有目标和梦想，但是为什么不能让我们不在这些压力之下来实现它们呢？"

讨论完最后一个问题，大家都有所期待地看着我。我说："想知道我的希望吗？我希望所有的父母和孩子都能听到你们今天下午所讲的话。我认为他们可以从中得到重要的、有益的信息。"

孩子们好像对我的评论很满意。"我们离开之前，"我问大家，"你们觉得还有什么事情，是你们想让父母了解的？"

有人举起手来，放下，又举起来，原来是长得像托尼的那个男孩。他说："是的，你告诉他们，有的时候我们大声嚷嚷，说一些让他们生气的话，但是让他们别太在意，很多时候，我们不是故意的。"

"说得对！"一个女孩说，她笑起来真像劳拉。"还有，告诉他们，如果我们不整理房间，或者没有帮他们干活，不要生气。不是因为我们太幼稚，有时候，我们太累了，或者脑子里在想问题，或者正需要和朋友交谈。"

另外一个女孩也插话："还有，问问父母遇到下面的情形会是什么感受：他们下班一回家，我们就对他们说：'你又把脏盘子放在水池里了！'或者'我想让你现在就去做饭！'或者'除非你付完所有的账单，否则不许看电视！'"

大家都笑了。

"其实，"她又补充道，"我妈妈自从上了您的课，就不再大吼大叫了。我不知道她在这里学习了什么，但是，她不再那么容易生气了。"

我对她说："你妈妈和其他的父母在这里学习的是沟通的技巧，这也是我期待下周和你们分享的。我们将探讨一些方法，让人们可以更好地处理所有的关系。"

"所有关系？"有个女孩问，"包括朋友之间的关

系？"

"包括朋友关系。"我给予她肯定的回答。尽管她提到的问题，让我有些犹豫，因为我并没有计划在下节课中关注朋友关系，但是，我突发奇想：或许我们应该讨论这个话题，也许我们可以从孩子身上找到办法。从他们今天的回答中，可以看出友谊对他们有多么重要，他们在同龄人之间的互动上，投入了很多的热情。这样的讨论，也可以让我对此有个全新的认识。

我问大家："我们下节课来讨论如何将这些沟通技巧运用到朋友关系中，你们觉得如何？"

没有人马上回答。孩子们面面相觑，然后看看我。最后，有人说："太酷了！"

大家都点头表示同意。

我说："那我们就这么定了。下周见！"

培养孩子成长型思维，
让孩子获得终身学习的能力！

扫码免费听《成长型思维训练》，
20 分钟获得该书精华内容。

—— 第 6 章 ——

关于情感、朋友和家庭的问题

About Feelings, Friends, and

Family

"挪开你的屁股，傻瓜！"

"闭嘴！废物！"

快放学的时候，我在学校的走廊，看到孩子们三五成群地在他们的储物柜边上。这些话语让我感到惊讶。辅导员跑向我："真高兴我追上了你！"她解释道："今天的学习在 307 教室，别着急，我联系了所有的同学，已经告诉他们了。"

我谢过她，急忙上楼，试图躲避冲下楼梯的学生。他们推搡着下楼。

"哦，看路，土包子。"

"你看路，蠢货！"

"嗨，傻瓜，等等我！"

这是怎么回事？这就是今天的青少年说话的方式吗？

我到了 307 教室，多数孩子已经在门外等候了。我招呼他们进去，等他们都坐好之后，描述了我刚才听到的："告诉我，这就是你们最典型的说话方式吗？"

他们笑话我的天真。

"这么说话你们不觉得烦吗？"

"不会，只是开玩笑。每个人都这么说。"

"不是每个人都这样。"

"但是很多孩子这么说。"

这让我很担心，我对他们说："你们知道，我的工作就是处理关系，研究我们沟通所使用的词语如何影响到对彼此的感受。所以，我要很认真地问你们，你们每天起床上学被别人叫做'笨蛋'、'土包子'或者其他更糟糕的名称，真的觉得无所谓吗？"

有一个男孩耸耸肩，说："我不会觉得烦。"

"我也不会。"有人附和。

我不能就此作罢："所以，在座的没有人反对这种说话方式？"

一阵短暂的沉默。

"有时候，我会烦。"有个女孩承认，"我知道我不应该反感，因为我和朋友总是互相叫绰号，也都知道是在开玩笑。你能理解，好玩呗。但是，如果你考试不及格，有人叫你'弱智'（我就遇到过一次这种情况），或者理一个很不好的发型，你的朋友说你看起来像个怪物，这时候，就不好玩了。我装作不在乎，但那只是表面现象。"

我问她："如果你不假装，而是告诉朋友内心的真实感受，那会怎么样呢？"

她摇摇头："那不会有好结果。"

"为什么？……"

"因为他们会看不起你，笑话你。"

"是啊，"另一个女孩表示赞同，"他们会认为你太敏感了，你只是想与众不同，或者比别人更好，那他们就不想再和你做朋友了。"

很多人举手，大家有太多话要说。

"但是，那不是真正的朋友。我是说，如果你只是为了合群，非要假装不在乎，那才傻呢。"

"对，但是很多孩子会为了得到别人的认同，愿意做任何事情。"

"没错。我认识一个人，开始喝酒，还做一些其他不好的事情，就因为他的朋友这么做，所以他也跟着做。"

"那太傻了，因为你应该去做你认为正确的事，让朋友去做他想做的事。我是说，'自己方便，也与人方便。'"

"是的，但是现实生活不是这样，你的朋友会对你有很多影响。如果你不跟着做，他们就不带你玩了。"

"那又怎么样？谁会想要这样的朋友？我认为一个真正的朋友会让你可以做你自己，他不会试图改变你。"

"他会愿意倾听，并且在乎你的感受。"

"对，如果你遇到问题，你能对他说。"

我被这些孩子所说的话打动了。朋友对他们这么重要，以至于他们为了能融入到一个团体当中，宁愿放弃自己的一部分特质。但是，他们在不同程度上都知道，什么才能让友谊更深厚、更有意义。

"我们必须达成共识，"我说，"我们上次课之后，我就一直在想，我给成人所讲的技巧或许可以运用到青少年之间的关系处理上。你们刚才表达得很清楚，朋友最宝贵的品质就是能聆听、接纳、尊重你说的话。那么，这些想法现在如何实施呢？"

我拿过自己的文件夹，取出准备好的资料。"你在这里会看到几个实例，一个朋友试图想要和另外朋友谈话。你还会看到两种不完全相同的回应方式，一种可以破坏友谊，一种可以带来安慰和支持。"

"我们一起来看。"我边发资料边说，"你们有谁愿意来扮演不同的角色？"

没有丝毫犹豫，他们都想"表演出来"。在阵阵大笑声中，他们用富有激情和戏剧性的语气读台词。我坐在那里，看着手里的资料，听着真正孩子的声音，觉得好像我在观看一个动画片。

I. 用"点头、一个声音或词语"代替"让人难堪"

让人难堪

当人们难过的时候，提问和批评会让他们更难受。

Ⅰ.用"点头、一个声音或词语"代替"让人难堪"(续)

点头、一个声音或词语

　　有时候给予同情的回应，一个声音、一句附和、一个词语就能让朋友感觉好起来，也能更好地思考。

Ⅱ．"说出想法和感受"代替"忽略想法和感受"

忽略想法和感受

如果朋友忽略你的感受，你就不想继续和他说话了。

说出想法和感受

接纳你的感受，给你机会总结自己的想法，和这样的人谈话会更融洽。

忽略愿望

当朋友忽略你的愿望，还扫你的兴，你会觉得被贬低，心里感到沮丧。

Ⅲ."对现实中不能实现的事情用幻想的方式完成"代替"忽略愿望"(续)

对现实中不能实现的事情用幻想的方式完成

如果朋友能用幻想的方式实现我们的愿望,那我们更容易接受现实。

"你们觉得这些例子怎么样？"我问孩子们，他们的回应有些迟缓。

"我们不这么说话，但是如果这么说的话，可能会更好。"

"是的，因为例子中'错误'的方式真的会让人感觉像垃圾。"

"但是，你不能只说'正确'的话。你得真心那么讲，否则，人们会认为你太虚伪。"

"从某种角度来讲，这些话听上去不自然，这是不同的说话方式。但是，也许你会慢慢习惯的……"

"我可以习惯听到这些话，但我不知道能不能习惯这么说，也不知道如果我这么说的话，我的朋友会怎么想。"

"我觉得这些话太好了，我希望每个人都用这种方式交谈。"

"也包括孩子用这种方式和父母交谈吗？"我问道。

这句话把大家问住了。"那什么时候用？"有人问道。

"当妈妈或者爸爸为什么事情难过的时候。"

我从他们脸上疑惑的表情可以看出，这对他们是个全新的观念。

"想象一下，"我继续说道，"一天晚上，你妈妈或者爸爸下班后疲惫地回到家里，抱怨道：'真堵车，电脑又死机，老板不停地嚷嚷，每个人都得加班赶时间。'

"你可以这样来回应：'你觉得这一天过得很糟糕，我比你更糟。'你还可以表达你的同情和理解：'哦'，或者说出你父母的想法和感受，再或者用幻想的方式实现他们现实中不能实现的事情。"

我的挑战激起了他们的好奇心。停顿了一会儿之后，大家一个接一个地回应他们想象中的父母：

"哦，妈妈，听上去你这一天真是不容易。"

"电脑死机真让人烦。"

"你一定很讨厌老板嚷嚷。"

"堵车真不是什么好事。"

"我打赌你一定希望找个工作，走路就能上班。"

"希望你永远不用再加班了。"

"希望你现在的老板能退休，你再找个新的不大吼大叫的老板。"

他们都冲着我笑，看样子对自己的回答很满意。

"知道吗？"一个女孩说，"我准备今天晚上就和我妈妈这么说。她总是抱怨她的工作。"

"我想对爸爸试试。"一个男孩说，"很多时候，他回家晚，对我说他太累了。"

我对大家说："我猜今天晚上会有不少心怀感激的父母。别忘了下周带他们来讨论，看看大家共同努力的结果，一定很有趣。"

感受需要回应

女孩：布瑞娜真是个势利眼！她在走廊看到我，直接从
我身边过去，她只和耍酷的孩子打招呼。

朋友：别在意。你为什么要在乎她呢？

不要拒绝感受：

用一个声音、词语回应感受：

"哦哟！"

确定感受：

"即便你知道她就是个势利眼，但还是让你很生气。谁
都不能被忽视！"

对现实中不能实现的事情用幻想的方式完成：

"你难道不希望让她自食其果吗？让一个耍酷的孩子也
这样对她。在她面前走过，就好像她不存在似的，然后，微笑
着和别人大声打招呼。"

——— 第 7 章 ———

父母和青春期孩子在一起

Parents and Teens Together

　　今天是所有人第一次聚在一起。每个家庭都走进教室坐下，这里暗藏着一种紧张感。没有人知道将会发生什么，至少我不知道。父母们会因为孩子的出现而拘束吗？孩子们会因为有父母在观察他们而收敛吗？我能帮助两代人都感到自在舒服吗？

　　对大家表示欢迎之后，我说："我们今天晚上在这里，一起探讨表达和倾听的技巧，帮助家庭成员之间更好地沟通。听起来不像是太难的事情，但是，有时候并不容易，很大程度上是因为每个家庭成员都是不一样的。我们每个人都是独一无二的，我们有不同的兴趣爱好、不同的脾气性格、不同的品位、不同的需求，这些不同让我们之间产生碰撞和冲突。如果你在家花时间，就会听到类似下面的对话：

　　'这儿太热了，我要开窗户。'
　　'不，不要，我都冻死了。'

　　'把音乐关小。太吵了！'
　　'太吵？我都听不见了。'

'快点！我们迟到了。'

'不急。我们有足够的时间。'

"在青春期，还会出现新的不同。父母想要保证孩子的安全，保护他们不受到外界危险的伤害，但是，青少年却很好奇，他们希望有机会探索外部世界。

"多数父母希望孩子遵从他们的价值观，有些孩子会质疑这些判断，想要遵从朋友对于是非的判断。

"我们要面对的现实是，今天的父母比以往更忙碌，承受更多的压力，这更加剧了家庭关系的紧张。"

"你可以再说一遍！"托尼喊道。

坐在托尼边上的孩子嘟囔说："今天的孩子也比以往更忙碌，承受更多的压力。"

其他的孩子随声附和说："就是。"

我笑了，继续说道："所以这已经不是秘密。为什么在同一个家庭里，大家彼此相爱，也会有不快、烦恼，有时甚至还会激怒对方？既然是这样，那我们如何应对这些负面情绪？有时候，这种情绪会爆发，我自己就会对孩子说：'你为什么总是这样？'……'你永远都不长记性！'……'你怎么回事？'同时，我也听到孩子会这么说：'真蠢！'……'你真不公平！'……'别的妈妈就会让他们'……"

两代人都心领神会地笑了。

我继续说道："这些话会脱口而出，我们从某种程度上都知道，它只能让人更生气、更抵触，更不可能从对方的角度想问题。"

琼叹息道："这就是为什么我们有时候掩饰自己的感觉，什么也不说，只是为了保持家庭和睦。"

我回应道："而有时候，'什么也不说'也不是坏事，至少我们没有把事情弄得更糟。但幸运的是，沉默不是我们唯一的选择。如果我们发现和家人生气、不愉快，就需要停下来，做个深呼吸，问自己一个关键的问题：我如何才能用一种方法，表达自己的真实感受，让别人有可能明白我的意思，并且考虑我的想法？

"我知道这么做并不容易，这意味着我们需要做出理智的决定，不指责别人的过错，而只表达自己：你的感受，你的想法，你不喜欢什么，或者你希望怎么样。"

我在这里停顿了一下，这个观点父母们已经听过很多次了，而孩子们是第一次听说。有些孩子困惑地看着我。

"我会发一些资料给大家，上面就是我所说的观点。对你而言，上面的这些方法是让父母和孩子之间的矛盾进一步升级？还是可以化解矛盾？花几分钟时间看看这些例子，然后告诉我你们是怎么想的。"

下面就是我发给大家的资料。

Ⅰ."说出你的感受或期望"代替"责骂"

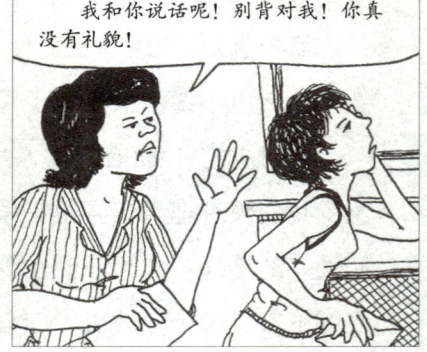

当父母生气的时候，有时会指责。

说出你的感受或期望

如果你告诉孩子自己的感受，而不是指责他们多没礼貌或者多么错误，他们更愿意听你说。

Ⅱ.“说出你的感受或期望”代替“互相攻击”

互相攻击

当孩子们受到侮辱，他们有时会用同样的话反击你。

说出你的感受或期望

如果孩子说出自己的感受，而不是指出别人的错误，那么父母更愿意听他们的想法。

　　大家都在研究这些资料，过了几分钟，我问："你们有什么想法？"

　　托尼的儿子保罗（没错，那个高高瘦瘦的男孩，就是托尼的儿子）第一个响应："我觉得还可以，但是，当我生气的时候，我不会想我该说什么，或者不该说什么。我只是想什么就说什么。"

　　"对。"托尼也表示同意，"他就像我，情绪上来得很快。"

　　我说："我能理解，在我们感到生气的时候，很难理智地去想，或者去说。有很多次，我的孩子做了让我生气的事情，我也会大声嚷嚷：'现在，我很生气，我对自己所说的，所做的不负任何责任！你最好离我远点！'我想那样会给他们一些保护，也给我一些时间冷静下来。"

　　"然后呢？"托尼问。

　　"然后，我会沿着街道跑步，或者拿出吸尘器清理地板，总之，做一些体力上的事情，让自己动起来。当你非常非常生气的时候，会用什么方法让自己冷静下来？"

　　有人咧嘴表现出无奈。孩子们先回答起来：

　　"我甩上门，把音乐声放大。"

　　"我会小声咒骂。"

　　"我会骑很长时间的车。"

"我会敲我的鼓。"

"我会做仰卧起坐，直到起不来为止。"

"我会找事和弟弟打架。"

我转向父母，示意他们："你们呢？"

"我会直接走向冰箱，把一盒冰淇淋都吃完。"

"我会哭。"

"我会对每个人都大吼大叫。"

"我会给正在上班的丈夫打电话，告诉他发生的事情。"

"我会吃几片阿司匹林。"

"我会写一封长长的、解气的信，然后再把它撕掉。"

我说："现在想象一下，你们已经通过刚才所做的，让火气降下了一些，差不多可以表达自己的感受了，你们会去做吗？你们会告诉对方自己的想法、感受、需要，而不是去指责、谩骂吗？你们当然可以做到，只是，需要一些思考和练习。

"在我刚才发给你们的漫画中，我举的都是自己家里的例子。现在，我要求大家回忆一下，在你们家有哪些事情让你烦恼、不开心、生气，想起来，就把它写下来。"

大家对我的要求显得有些惊讶。我补充说："可以是大事，也可以是小事。可以是发生过的事情，也可以是你想象的事情。"

父母和孩子不自觉地面面相觑。有人在窃笑，几分钟后，大家都开始写了。

我说："现在你们都写下了问题，但还没有解决的办法，那就让我们来试试两种不同的应对方式。首先，写下你有可能说出来的，让事情变得更糟糕的话。"我停顿了一会儿，让每个人有时间写下来。"接着写下你有可能说出的，让对方能倾听你，并且考虑你想法的话。"

屋子很安静，大家都在努力按照我的要求在写。写完之后，我说："现在，每个人拿着自己写的东西，找一位家长或者孩子，但不能是自己的父母或者孩子，然后坐在他边上。"

大家开始挪动椅子，有的在大声喊着找人："我还需要一个孩子！""谁想当我的父母？"几分钟之后，人们都找到了搭档。

我说："现在，我们准备做下一步。请轮流给对方读你写的两种不同陈述，留意对方的反应，然后我们再接着讨论。"

大家有些犹豫不知道该让谁先开始。在开始的时候，他们需要有很多背景信息先交代清楚，商量好了，父母和孩子都很自然地进入了角色。一开始，他们说得很慢，渐渐地大家都很投入，声音也大起来。麦克和保罗（托尼的

儿子）模拟的争吵声吸引了所有人的目光。

"但你总是拖到最后一分钟才做完！"

"我没有！我告诉你一会儿再做。"

"什么时候？"

"晚饭后。"

"太晚了。"

"不晚。"

"就是晚了！"

"别烦我了，让我一个人待会儿！！"

他们俩突然停下来，意识到屋里这么安静，大家都在看他们。

"我试图说服儿子早点开始写作业。"麦克解释道，"但是，他就是不听。"

"那是因为他不停地唠叨，"保罗说，"他不知道自己越唠叨让我去做，我就越往后拖。"

麦克说："好了，我放弃了，我们来试试另外的方法。"他深吸了一口气，说："儿子，我在想……我一直督促你早点写作业，因为我认为这样做是对的。但是，从现在开始，我相信你，在你认为合适的时间，你会写的。我只要求你在九点半最晚不超过十点之前写完，这样你才能有足够的睡眠。"

保罗咧嘴笑了："嘿，老爸，这样好多了！我喜欢这样。"

"这么说，我做得不错？"麦克自豪地说。

"当然，"保罗回答他，"你看，我也做得不错。我去做作业，你不用再提醒我了。"

亲眼目睹了他们的表演，大家都很兴奋。有几对父母和孩子主动提出要大声读出他们所写的内容。我们当然都愿意洗耳恭听。

父母（指责）：

"为什么我让你做事的时候，你总是要和我争论？你从来就不帮忙，我每次听到的都是：'为什么是我？为什么不是他？我忙着呢。'"

父母（描述感受）：

"我需要帮忙的时候，不喜欢有争吵。我很愿意听到：'妈妈，别再说了，我正干着呢！'"

孩子（指责）：

"你为什么不告诉我？杰西卡和艾米都说打过电话，你一直就不告诉我。现在我错过了比赛的时间，都是你的错！"

孩子（描述感受）：

"妈妈，朋友的电话对我真的很重要。我没有赶上那场比赛，就是因为她们改了日期，而我却不知道，等我发现的时候已经太晚了。"

父母（指责）：

"我听到你说的都是'给我……''帮我……''带我去这儿''带我去那儿'。不管我为你做什么，你都没个够。我听到一声谢谢了吗？没有！"

父母（描述感受）：

"我很高兴能帮你，但是，我帮了你之后，希望能听到感谢的话。"

孩子（指责）：

"你为什么不能像别的妈妈？我所有的朋友都可以自己去商场。你把我看成小孩子。"

孩子（描述感受）：

"周六晚上我讨厌待在家里，朋友们都去商场玩去了。我觉得已经长大了，自己可以照顾自己。"

劳拉一直很有兴致地听着她女儿讲话，当女儿读完最后一句，她突然尖叫道："哦，不！凯莉，我不在乎你说的是什么，也不管你怎么说，我不会允许一个 13 岁的孩子晚上逛商场，那样我会发疯的，因为现今的世界太可怕了。"

凯莉脸红了，恳求道："别这样，妈妈。"

我们大家过了好一阵才反应过来，大家只是在做练习，但是对于劳拉和她的女儿，这种冲突却是真实存在的。

劳拉问我："我错了吗？即便她是和朋友在一起，但她们毕竟还都是孩子，让小女孩晚上乱逛商场，是非常不负责任的。"

"妈妈，没有人乱逛，"凯莉激烈地反驳，"我们只是去商场。再说，那里很安全，一直会有很多人。"

我说："好吧，我们这里有两种非常不同的观点。劳拉，你相信对一个没有成人监护的 13 岁女孩来说，晚上去商场是不安全的。你预见到太多潜在的危险。

"凯莉，对你来说，商场看起来是个'非常安全'的地方，你觉得应该可以和朋友去。"

说完，我转向大家："我们现在是陷入了僵局，还是说可以找到一种方法，同时满足凯莉和妈妈的需求？"

大家没有耽误时间，父母和孩子都积极地出主意想办法。

一位父母（对劳拉说）：给你讲讲我和女儿的经验

吧。我开车送她和朋友们过去，告诉她们可以在那里待两个小时，但是，她们必须在一个小时之后，给我打电话，准备好要走的时候，再打一个。我知道这样对她来说很讨厌，但是可以让我放心。

孩子（对劳拉说）：你可以给凯莉一部手机，这样她有问题的时候可以给你打电话，你也可以随时联系到她。

另一位父母（对劳拉说）：你可以开车送她们过去，陪她们待一会儿，然后你自己买些东西，和她们约好一个时间地点，然后送她们回家。

一位男孩（16 岁，高高的个子，很精神，对凯莉说）：你想和朋友去商场，为什么不让妈妈和你一起去？

凯莉：你开什么玩笑？我的朋友会跑掉的。

劳拉：为什么？她们都很喜欢我。

凯莉：不行。那太让人尴尬了。

还是那个帅小伙（微笑着对凯莉说）：假如你能说服朋友，让你妈妈一起去，就一两次．你妈妈会知道你们都去哪儿，干什么，那她就放心了。

凯莉（被他的魅力折服了）：我想也许可以吧（疑惑地看着她妈妈）。

劳拉：我愿意这么做。

我被刚才的场景所打动。大家面对冲突积极想办法，但给我印象最深的，是他们对劳拉和凯莉的争执所表现出的态度。没有人偏袒任何一方，大家对她们母女的强烈感受表示出了极大的尊重。

我说："你们都做出了很好的示范，用非常文明的方式处理彼此的分歧。我们需要克服自己的天性：试图证明'我是对的，你是错的''你这个错了！你那个错了！'为什么我们不能把'同意别人是正确的'当成天性呢？为什么我们不能像批评别人那样去称赞别人呢？"

一阵停顿之后，大家纷纷回应。父母中的一位首先回答：

"找错很容易，不需要付出努力。想要说出好来，得想一想。"

"确实是。好比昨晚，我在打电话的时候，儿子把音乐声关小了。我心里感谢他，但从来没有想到为他这样替人着想说声谢谢。"

"我不知道为什么孩子做了他本来就应该做的事情，还要称赞他。我每天都准备晚饭，也没有人称赞我啊！"

"我爸爸认为表扬孩子对孩子不好。他从来不称赞我，因为他不想让我变成'狂人'。"

"我妈妈是另外一个极端，她不停地夸我有多好：'你真漂亮，真聪明，真有天分。'我没有变成'狂人'，因为我不相信她说的。"

孩子们也参与讨论：

　　"是的，即便孩子相信父母的话，认为自己很特别，但当她去学校，看到别人的样子，她会很受打击。"

　　"我认为父母老师说的'真棒'或者'做得很好'，是因为他们希望你这样，是在鼓励你，但我和朋友们觉得这些话听上去很虚伪。"

　　"有时候，大人们称赞你，是想叫你去做他们想让你做的事情。你真应该听听我奶奶是怎么评价我这么短的发型的：'杰米，我差点没认出你来，你看上去太帅了！你应该一直留这种发型，像个电影明星！'"

　　"如果称赞是真诚的，我觉得没有什么不好。我知道受到称赞的时候，会感觉很好。"

　　"我也是！我很喜欢父母当面称赞我。其实，我认为孩子能时不时地运用一些小小的称赞。"

　　"孩子们，我告诉你们，"托尼说，"多数父母也能时不时地运用一些小小的称赞。"

　　从父母那边爆发出一阵掌声。

　　"好了，"我说，"刚才我们对称赞已经有了广泛的讨论。有人喜欢称赞，不介意听到更多；也有人认为称赞让人感觉不舒服，要么不真诚，要么是想操控。

　　"不同的称赞方式，会引起你的感受不同吗？我相信是这样的。比如：'你是最棒的……最好的……太诚实了……太聪明了……太慷慨了……'这些话会让人不安，这会让我们突然联想到，有的时候我们不够棒、不够诚实、不够聪明、不够慷慨。

"那我们该怎么办？我们可以描述。我们可以描述自己所看到的，或者所感受到的。我们可以描述所付出的努力，或者取得的成绩。我们描述得越具体越好。

"你能说出下面两者的区别吗？'你真聪明！'和'你思考这道代数题很长时间了，但是你一直没放弃，直到做出来。'"

"当然有区别。"保罗喊道，"你说的第二种肯定更好。"

"怎么好了？"我问他。

"因为如果你说我'真聪明'，我会想：'但愿我真的聪明'，或者'她在试图恭维我。'但是对第二种说法，我会想：'嗨，我觉得自己还是挺聪明的！我知道如何努力想办法解决问题，直到找到答案。'"

"这就是第二种方法起作用的原因。"我说，"当别人描述我们完成的事情，或者正在努力的事情，我们通常会从内心对自己有更高的赞许。

"我现在发的这些漫画中，你们会看到父母和孩子受到称赞的例子。首先是评价性的，然后是描述性的。请注意人们对于两种方式的不同反应。"

I.当称赞孩子时，用"描述你的感受"代替"评价"

描述你的感受

不同的称赞方式，会让孩子对自己的评价完全不同。

II.当称赞孩子时，用"描述你所看到的"代替"评价"

评价

描述你所看到的

评价会让孩子感到不安。但是，对他们付出的努力和完成情况做详细描述，并表示感谢，是孩子们喜欢的。

Ⅲ.当称赞父母时，用"描述你的感受"代替"评价"

评价

描述你的感受

人们会排斥评价性的称赞，更容易接受真诚、热情的描述。

Ⅳ.当称赞父母时，用"描述你所看到的"代替"评价"

评价

描述你所看到的

描述性的语言能让人们对自己的强项更感到自豪。

我注意到麦克边看漫画，边点头。

"麦克，你是怎么想的？"我问他。

"我在想，今晚的学习以前，我一直认为不管是什么称赞，都比没有强。我坚信人们之间是需要互相鼓励的，但是，我现在开始明白，称赞也有不同的方法。"

"而且还有更好的方法。"凯伦手里拿着漫画，大声说道，"我现在明白为什么我对孩子说'真棒'、'太好了'，而孩子会觉得不舒服，这些赞美让他们生气。好了，我现在记住了：描述，描述！！"

"对！"保罗从教室后面喊道，"去掉那些溢美之词，只说你所看到的这个人。"

我针对保罗的评论，发表意见："让我们都准确地按照这个方法来做，现在就开始，回到自己真正的家庭里。花一点儿时间，父母和孩子都想想，有哪件具体的事情可以说说。一旦想好了，就写下来，看看该如何说才能让对方知道你的赞美和感激。"

教室里传来笑声。父母和孩子互相对视，又看看旁边，然后开始写下来。等大家都写完了，我让他们互相交换所写的。

我安静地看着他们，脸上挂着笑容，眼里噙着泪花，人们互相拥抱，场景非常甜蜜。我听到人们在说："我没想到你能留意。"……"谢谢，这真让我高兴。"……"能帮上忙我很开心。"……"我也爱你。"

门卫探进头来，我轻声地对他说："很快就完。"然后我对大家说："各位，我们马上就要结束最后一节课了。今晚，我们学习了如何表达愤怒才能对彼此都有益无损，我们还学习了如何表达感谢，让家人都能感受到自己的存在和价值。

"谈到感激，我想告诉大家，几个星期以来同你们在一起学习探讨给了我极大的快乐。你们的评价、看法、建议，探索新思想的意愿，并为之付出的行动，都让我感到极大的满足。"

大家都鼓起掌来。我以为人们会很快离开教室，但是他们没有离开，他们还留在教室，互相讨论着。然后，每个家庭都排着队，单独道别，他们想要告诉我今晚对他们有多重要。值得一提的是，孩子们也像他们的父母那样和我挥手道别。

等大家都离开之后，我站在那里，有些失落。几乎所有的媒体都在宣传父母和青春期的孩子之间对立的场面。但是，今晚在这里，我见证了完全不同的场景。父母和孩子形同伙伴，两代人都在努力学习沟通的技巧，他们都希望能有机会对话，彼此愿意连结在一起。

这时候，门开了。"哦，真高兴，你还没有离开。"原来是劳拉和凯伦。"你觉得我们下周三再加一次讨论怎么

样？只有父母参加？"

我有些犹豫，因为我并没有这部分计划。

"因为我们在停车场谈论了有关和孩子之间的事情，只是觉得他们今晚在场，不适合讨论。"

"你不用担心如何联系大家，我们来联系。"

"虽说现在提这个建议有点晚，有的人说他们参加不了，但是这个对我们真的很重要。"

"你觉得怎么样？我们知道你很忙，但是如果有时间……"

我看着他们焦急的面孔，心里重新安排了一下我的日程。

"我会来的。"我说。

表达愤怒的方式

父母对孩子

不要指责或者谩骂: "哪个笨蛋离开家的时候不锁门？"

说出你的感受: "想到我们不在家的时候，有人闯进来，会让我很不放心。"

说出你的期望: "我希望最后一个离开家的人能确认一下门是否锁好。"

孩子对父母

不要怪罪或指责: "你为什么总是当着朋友的面大吼大叫？没有哪个父母会这么做！"

说出你的感受: "我不喜欢你在我的朋友面前对我大吼大叫，这让我很尴尬。"

说出你的期望: "如果我做了什么让你不高兴的事，你只需要说'我需要和你谈一下'，然后私下告诉我。"

表达感激的方式

父母对孩子

不要评价: "你总是那么负责任!"

描述所做的: "尽管你承受了很多彩排的压力,但是,当你知道可能会晚些回家的时候,还是很负责地打电话告诉了我们。"

描述你的感受: "这个电话让我放心了很多。谢谢你!"

孩子对父母

不要评价: "爸爸,真棒!"

描述所做的: "哇,你花了周六下午的时间修好了我的篮球架。"

描述你的感受: "真是太谢谢你了。"

—— 第 8 章 ——

面对性和毒品

Dealing with Sex and Drugs

　　今晚来的人很少。我们搬到了图书馆，很舒服地围坐在会议桌旁交流。有几位家长开始谈论起上周的话题，说他们非常喜欢，回到家里情况有很大的改善。从那以后，父母和孩子都开始互相监督，看谁又回到原来的负面说话方式，然后自觉地笑笑："重来！"接着又重新说一遍。尽管新的表达方式有点不熟悉，听起来有点奇怪，但是感觉很好。

　　凯伦耐心地听着，但是，我看出她在尽力控制自己。在第一次休息的时候，她脱口而出："很抱歉，我要说些负面的事情，更对不起的是我要提出这个话题。我还在为斯黛丝上周参加聚会的事情而烦恼。"

　　她停顿了一下，深吸了一口气，说："我听说她班上有个女生和几个男生口交。现在，我既不一本正经，也不是天真幼稚，我知道现在青少年做的事情在我们小时候听都没有听说过。但是，他们还是十二三岁的孩子！就在我们社区！在生日聚会上！"

　　在座的父母都在掂量这个话题的分量：

　　"难以置信，是吧？但是，据我所知，这种事情到处都在发生。有的孩子年龄更小，并且不止发生在聚会上，还发生在学校的卫生间、公交车，甚至在家里，趁父母还没有下班回家的时候。"

"困扰我的是，这些孩子看不到事情的严重性。口交对他们来说就像是晚安吻别，他们甚至不认为这是性行为，毕竟不是性交，所以他们还可以保持童贞，不会怀孕，所以他们觉得很安全。"

"其实并不安全，这就是为什么我会抓狂的原因。我哥哥是医生，他告诉我，口交和正常的性交一样能感染疾病，比如口腔疱疹、咽喉淋病。他说唯一的保护就是安全套，即便如此，也不保证百分之百的安全。男孩有可能因此导致生殖器长疣，或者阴囊受损，因为安全套并不覆盖这些区域。"

"听到这些让我恶心，整个情况就像一场噩梦。就我而言，唯一真正的保护就是不去做。"

"没错，但是如何面对现实，今天的世界不同了。据我所知，这件事上，女孩反而比男孩主动，有的女孩甚至在公共场合这样做。"

"我也听说过。女孩子迫于压力，为了受欢迎而去'表现'自己，但她并没有意识到那些流言蜚语会让她背上'人渣'、'荡妇'的名声。"

"但是，男孩则可以名声大振，他可以到处吹嘘。"

"不管男生女生，我都为他们担心。他们以后会怎么想？比如，第二天在走廊里见到，该怎么互相面对？这种性行为，确实是性行为，因为有性器官的介入，他们如何面对未来的婚姻关系？"

听到大家的评论，凯伦显得更加不安。"好了，好了，这种现象很普遍，涉及到很多孩子。那我该怎么办？我们不能忽视这个问题，我需要和斯黛丝谈谈聚会上发生的事情。可是，我不知道该从何说起。其实，和她提及这个话题，我就会很尴尬。"

一阵长时间的沉默。大家面面相觑，然后看着我。谈论这个话题并不容易，我对大家说："我能确定的是'不能说什么'。比如：'斯黛丝，我知道上周你参加聚会发生的所有事情，我很震惊，也很反感。这是我从没有听说的恶心事！是不是只有一个女孩做了'那事'？你确定吗？有没有人让你做？你做了吗？别骗我！'

"与其表示强烈的反感和逼问，不如和她进行有效的谈话，用平和的语气询问，不进行人身攻击。例如：'斯黛丝，我刚刚听说一件事，让我很吃惊，我想问问你。有人说在孩子们的聚会上有口交，甚至你上周参加的聚会上也有。'

"不管她承认还是否认，你都要继续说下去，还是要保持客观的语气：'我听了之后，就一直在想：是不是女孩受到男孩的压力才这么做的？或者她们觉得这样可以

使她们更受欢迎？我还想如果有个女孩拒绝这种事，会怎么样？'

"斯黛丝愿意说多少就让她说多少，之后，你可以发表自己的看法。因为这个话题对父母会有些困难，你可以花时间做些准备工作，想好要讲什么。"

"我知道我想讲什么，"凯伦无奈地说，"可是，我认为她不会听的。"

劳拉看上去有些困惑："她不会听什么？"

"利用别人来满足自己的性冲动，或者通过'服侍'别人来赢得大家的喜爱是不对的，我认为这是贬低自己，也是不自重的表现。对男孩女孩都一样。"

"我觉得这些话还是可以讲的。"劳拉说，"你为什么不能对斯黛丝说呢？"

"我想可以讲吧。"凯伦叹息道，"但我了解女儿，她可能会说我太急躁、'老古板'、不入流，现在的孩子都不把这当回事，认为这只是在有些聚会上发生的事情。我该怎么说？"

我说："你可以在一开始，回应她的观点：'所以，对你和其他很多孩子来说，这没什么大不了的。'接下来，你可以分享你的观点：'在我看来，口交是个人亲密行为，不是聚会上的游戏，不是寻开心的。我忍不住会想：做这事的孩子以后会不会后悔，希望他们会吧。'不管斯

黛丝之后还说什么，你的话已经让她开始思考了。至少，让她知道妈妈的立场。"

"对啊！"麦克说，"你讲的时候，还应该告诉她这样做对健康的危害。口交会染上性病，任何形式的性行为都可能会染病。她需要知道有的病是可以治愈的，但是有的病是治不好的，有的甚至是危及生命的。别做这样的傻事。"

劳拉摇摇头："如果是我的孩子，她早就会用手捂着耳朵，不听我讲那些可怕的疾病。"

"但我们是父母。"麦克解释道，"不管孩子喜欢不喜欢听，我们还是需要告诉他们一些性知识来保护自己。"

劳拉看上去很痛苦，回答道："我知道你说得对，但事实是，我非常害怕和女儿进行这样的'正式长谈'。"

"不是只有你这样。"我说，"这种'正式长谈'对父母和孩子都很尴尬。另外，关于性的话题本身就很重要、很复杂，坐在一起谈一次是不行的，不如寻找机会进行一些简短的谈话。例如，你们在一起看电影、看电视、听新闻广播，或者读到杂志上的一篇文章的时候，你可以用所见所闻引出一个话题，进行交谈。"

我的建议立刻激发起大家的反应，显然有些父母已经开始用这种方法和他们的孩子交流了。下面的漫画，就是他们分享的例子。

"寻找简短谈话的机会"代替"正式长谈"

正式长谈

关于性知识的谈话，很难一次完成。对父母来说很难去讲，对孩子来说很难去听。

寻找简短谈话的机会

寻找简短谈话的机会

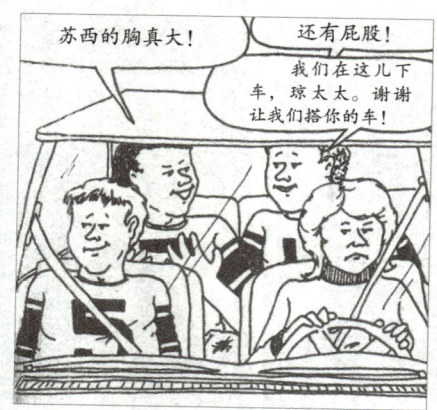

　　琼举起手说："我妈妈从来都没有和我提起这个话题，她会尴尬死的，但是，她做对了一件事。大概是在我12岁的时候，她给了我一本关于'生命真相'的书，我假装不感兴趣，其实我从头到尾都读了。每次女同学来我家，我们都会关上卧室的门，把书拿出来，重新读，看着里面的图片咯咯地笑。"

　　吉姆说："这就是我为什么喜欢书的原因，它给孩子一点隐私，有机会可以自己翻看，而不用担心背后有人偷看他们。但是，没有一本书能代替父母，孩子们想知道父母是怎么想的，父母对他们的期望是什么。"

　　劳拉说："我就是在担心'期望'，我是说，如果你和孩子谈论性，给他们有插图的书，他们是不是会认为你期望他们有性行为，并且得到了你的默许？"

　　麦克说："完全不会。你跟他们讲清楚，你给他们提供的是一些信息，而不是许可他们这么做。另外，在我看来，如果我们不教给孩子一些基本常识，他们会更危险。如果我们认为应该教给孩子懂得自我保护，那么唯一切实可行的方法就是我们亲自告诉他们。"

　　麦克停顿了一下，找出一些例证："例如，有多少男孩知道如何正确使用安全套？怎么戴上、摘下？有多少人知道要检查包装上的有效日期？因为干燥的安全套和不戴安全套是一回事。"

　　"哇！"劳拉说道，"我都不知道这些……我在想有多少女孩能意识到这些呢，不管她的女同学是怎么说的，她们有第一次性行为的时候就可能会怀孕，即便是在生理期也会怀孕。"

　　麦克频频点头："我就是这个意思。还有，多数孩子肯定不知道，即使他们只和一个人有性关系，但那个人可能会和其他人有性关系，而其他人又可能会和很多人有性关系。想象一下，疾病会怎么传播下去！"

　　托尼皱起眉头："你刚才所说的都非常重要，我是说你讲得对。你需要告诉孩子其中的危险，但是，我们是不是也应该告诉他们美好的一面，性是正常的、自然的……是生活的乐趣。嗨，所以才有我们来到这里！"

　　等笑声平息下来之后，我说："不过，托尼，这些'正常、自然'的感觉有时候会破坏孩子们的判断力，让他们不知所措。现在的青少年承受很大的压力，不仅来自身体的荷尔蒙、同龄人，还有来自色情的流行文化，电视、电影、视频、网络上充斥着暴露的色情图像。

　　"所以，孩子想去尝试，体验他们所看到和听到的，也是正常的。我们应该告诉他们性是'生活乐趣'之一，但是我们还是需要帮助他们设立界限。我们需要和他们分享我们的价值观，给他们指导。"

　　"比如说？"托尼问。

我想了一会，说："嗯……比如：我认为应该告诉年轻人，永远不要迫于任何人的压力而进行不愿意的性行为，他们虽然没必要不高兴，但是却可以让对方知道他们的感受，可以简单地说：'我不想这么做。'"

"我完全同意。"劳拉大声说道，"如果有人不尊重你的选择，那他就不值得再交往下去……并且，我认为应该让孩子们明白，性行为不能因为别人去做，你也跟着做，你要做你认为该做的事情。另外，谁知道真的是怎么回事呢？也许有的孩子有过性行为，但是我打赌，很多孩子并没有，他们骗人而已。"

"说起'做你该做的事情'，"琼补充道，"在孩子把自己的身体和灵魂都交给另一个人之前，应该问自己几个严肃的问题：'这个人真的在乎我吗？'……'这个人值得信任吗？'……'和他在一起，我还能做我自己吗？'"

凯伦说："对我而言，孩子应该从父母那里得到的主要信息应该是：'慢慢来，别着急。'我认为他们面临的最大错误就是，年龄太小就有性行为。"

"我太同意了！"琼大声说，"现在他们应该专注于自己的学业，参加各种活动：体育活动、业余爱好、俱乐部，以及做社区义工，而不是因为性关系把生活复杂化。我知道他们不想听我们这么说，但我们还是应该告诉他们，有些事情是值得等待的。"

"但是，总有些孩子不想等待。"麦克指出，"在这种情况下，如果他们一意孤行，父母就应该和他们开诚布公地谈谈。我会把话讲清楚，告诉他们，他们需要和自己的伴侣好好谈谈，一起决定每个人计划用哪种避孕措施，他们俩必须去看医生。我的意思是，如果孩子们认为他们已经长大，可以有性行为了，那么他们就要准备好做出成人的样子来，这也就意味着要考虑后果，承担责任。"

吉姆感激地点点头："是啊，麦克，那就真做到了立场分明。你刚才所说的对所有的孩子都适用，不管是异性恋，还是同性恋。"

大家突然都沉默了，有几个人看上去很不安。

"吉姆，很高兴你能补充这部分。"我说，"我们确实应该想到，年轻人有可能是同性恋的问题，麦克提到的那些注意事项现在也同样适用于她或者他。"

吉姆好像有些犹豫："我之所以提到这个话题，可能是因为我想到了我的侄子。他刚刚 16 岁，几个星期前，他向我承认自己是个同性恋。他说之所以告诉我，是因为他了解我，确信我可以接受这个现实，但是，他很担心他的父母不能接受。他好像很早就想告诉他们，但是他害怕。不是害怕妈妈反应过激，而是不知道爸爸发现之后会怎么处理。

"我们谈了很久，想到了各种可能性，最后他说：

'我要去做了，吉姆叔叔，我要告诉他们。'

"后来，他确实告诉了父母。他说他们开始的时候，都非常难过。爸爸想让他去看医生，妈妈则试图安慰他，说对同性偶尔感兴趣对于一个 16 岁的孩子一点都不算异常，可能很快就过去了。

"他告诉妈妈，不会很快过去，他产生这样的感觉已经有好长时间了，他希望他们能理解。他们听到这些一定不好受，但是渐渐地，他们好像有所变化。最后，爸爸让他很惊奇，他说：'不管发生了什么，你永远是我们的儿子，你永远会得到我们的爱和支持。'

"可以告诉大家，我侄儿听到这些话如释重负，我也放心多了。因为如果他的妈妈或者爸爸在这个事情上不能面对，我真不知道会发生什么事情。我看到听到过太多这样的故事，孩子因为是同性恋被父母拒绝而心情抑郁，或者自杀。"

"你侄儿是幸运的。"我说，"青少年同性恋的问题对任何一个父母都不容易，但是，如果我们能接受孩子真实的样子，那么我们就送给了孩子一份珍贵的礼物：他们有力量做真实的自己，勇敢面对外部世界的偏见。"

又是一阵长久的沉默。"还有，"琼慢慢地说道，"不管我们的孩子是异性恋，还是同性恋，他们需要知道，他们的关系中一旦介入了性，性质就发生了变化。所有的事情都会变得复杂，所有的感受都会更强烈。如果出现问题，如果他们分手（这在青少年交往过程中很常见），那么就会摧毁他们。

"我还记得发生在我高中最好朋友身上的事情。她迷恋一个男生，和他上了床，后来，他和别人好，甩了她，她崩溃了，成绩一落千丈，不吃、不睡、不学习，不能长时间集中精力做事情。"

吉姆举起手，宣布道："好了，听了所有这些，我开始在想是不是要提倡禁欲。想一想，这是唯一能保证百分之百安全的办法。我知道有人会说，现在的青春期都提前了，而结婚推后了，希望他们长时间克制自己的性欲不现实，但是，禁欲不是说不能亲昵，他们还是可以牵手、拥抱、接吻，或者进入到我们所说的'第一阶段'，那样也可以……我是说，除了我女儿对所有人都行。"

大家笑起来，劳拉看上去有些苦恼："我们围坐在桌边决定告诉孩子该做什么，不该做什么很容易，但是我们不可能一天24小时都跟着他们。不管我们对他们说什么，谁能保证他们一定会听？"

"你说得对，劳拉，"我说，"没有保证。不管父母说什么，有的孩子会触犯底线，有的还会超越底线。但是，我们在过去这几个月中运用在现实生活中的这些技巧，足以让孩子愿意听你的话。更重要的是，他们有信心听自己

内心的声音，为自己设立界限。"

"希望你的话能实现！"托尼叫道，"我确实希望你刚才所说的话，也适用于毒品，因为我对儿子交往的一些孩子印象很差，他们的名声不好，其中一个因为在学校吸毒被停学，我不想让儿子受他的影响。我是说，如果他们试图让他吸毒的话，我想知道我该怎么阻止。我该对他怎么说？"

"你觉得应该怎么说？"我问他。

"像我爸爸那么说。"

"说什么？"

"如果他抓住我吸毒，会敲碎我的每根骨头。"

"他这么说阻止你了吗？"

"没有，我只是确保永远不被抓住。"

我笑了："所以，你至少知道了不能说什么。"

劳拉插话说："你是不是可以这么说：'听着，如果有人试图引诱你吸毒，就说不。'"

托尼看着我，像是在问："你怎么想？"

我说："这么说的问题在于，只是说'不'还不够，孩子需要知道更多东西。他们现在承受了很多压力，只会说'是'。流行文化中混杂了各种信息，毒品可以轻易就得到，同伴的怂恿让他们难以拒绝。'你可以试试这个。'……'相信我，你会喜欢它的！'……'这东西真的很好。'……'感觉真是棒极了！'……'帮你放松。'……
'来吧，别像个软骨头。'

"这还不够，科学研究表明，即便青少年在身体上显
得成熟了，但是他们的大脑还在发育过程中。'控制欲望'
和'实行判断'是大脑发育最晚的一部分。"

"太可怕了。"劳拉说。

"是的。"我赞同道，"但好消息是你们比想象的更有
能力，孩子其实非常在乎你们的想法。他们不一定经常表
现出来，但是你们的价值观和信念对他们非常重要，这在
他们远离毒品和酒精的过程中会起到决定性的作用。例
如，托尼，你可以告诉儿子：'我确实希望你的朋友不要
再沾染毒品了，他是个好孩子，想到他可能因此而毁掉前
途，我很难过。'

"不只是我们的话让孩子远离危险的行为，我们也要
身体力行。我们的所作所为对他们更有说服力。"

琼评论道："我爸爸有一次发现我在聚会上喝了一点
酒，就罚我。但是我看到他每天晚饭前都喝点鸡尾酒，晚
饭的时候喝啤酒，那我会想：如果他可以这么做，那我也
可以。"

"至少你爸爸知道你做了什么，"劳拉说，"并且还尽
量负责。现在很多父母一无所知，他们觉得如果孩子看上
去没有问题，那就没有问题，但是你不能确认是不是真的

没有问题。我最近读了一篇文章，关于富人区的一些孩子。他们都是优等生，参加各种竞赛，每个周末都要聚众饮酒，他们的父母不知道，直到有些孩子被送进医院，有一个还差点儿死了。"

"这个事情给我们敲了警钟。"我说，"现在，很多人在社区聚众饮酒，让父母很担心，我们知道青少年饮酒比我们想象的要危险得多。所有的最新研究表明：青春期孩子处于大脑发育最关键的阶段，饮酒危害脑细胞，损伤神经，破坏记忆力，造成学习障碍，危害年轻人的整体健康。新的证据显示，孩子越早开始饮酒，成人后越有可能酗酒。"

"太好了！"托尼说，"现在我们都知道这些了，怎么让我们的糊涂孩子明白呢？他们不认为这些事情会发生在自己身上。他们去参加聚会，挑战谁喝得最多，直到喝得呕吐或者喝醉。"

我说："这就是为什么我们在告诉孩子的时候，语言要清楚、具体。'聚众饮酒会丧命。一次饮入大量酒精会引起酒精中毒，酒精中毒会造成昏迷或者死亡，这是医学常识。'"

琼双手抱头，痛苦地说道："对我来说，这些内容太多了。酒精本身就已经够糟糕了，我们现在看到的很多文章都在说，酗酒的青少年很容易吸毒，又出现了很多新鲜的东西，我从前听都没有听说过。不只是大麻、可卡因、LSD，现在又有了摇头丸，还有……"

大家纷纷为琼补充："……强暴丸，约会的时候用来强暴的。"

"还有 K 粉，或者叫'特别 K'。"

"还有脱氧麻黄碱，比可卡因更有麻醉性。"

"我听说还有一种新东西，孩子们一吸就高，叫做'爆破者'或者'液体黄金'。"

"天哪！"托尼边摇头边说，"还有好多我们不知道的。"

我说："这真让人无法接受，但是，我们可以从书籍、杂志、网络上得到所有的信息。你可以给戒毒中心打电话，拿到最新的宣传手册，也可以和社区的其他父母交流，看看他们有什么信息。你既然关心这个问题，那你还可以询问儿子，现在学校里的孩子在吸食哪些毒品。"

"哎呀，"托尼说，"看来我的任务很重啊！"

"所有青少年父母的任务都很艰巨。我们要非常明确地告诉孩子们，父母知道很多信息，他们也积极参与在其中，为了保护孩子，他们不惜一切代价。

"再强调一遍，一次性的说教不起作用，孩子们需要在不同的时间听你用不同的形式表达你的想法。他们需要无拘无束地问你问题，回答你的问题，探究自己的想法和

感受。

　　"所以，我们最后的挑战来了！我们如何利用任何小的机会和孩子们交流毒品的问题？我们想象一下该如何与孩子交谈呢？"

　　大家商量了一番之后，设想出了下面的场景。

抓住任何小的机会和孩子讨论毒品的问题

读报纸的时候

看广告的时候

抓住任何小的机会和孩子讨论毒品的问题（续1）

评论你所看到的

看杂志的时候

抓住任何小的机会和孩子讨论毒品的问题（续2）

身体力行

评论广播节目

就在我们讨论最后一个例子的时候，劳拉举起手来："目前为止，我们一直都在讨论如何让孩子远离毒品，但如果孩子已经吸毒了怎么办？我的意思是说，如果太晚了，怎么办？"

"发挥父母的能力永远都不晚。"我说，"即便只有一次吸毒体验，也不能忽视。你需要面对孩子，重新审视危害，再次强调你的价值观和期望。

"但如果你怀疑你的孩子已经频繁吸毒，发现他的行为、成绩、外表、态度、交友、睡眠规律或者饮食习惯有变化，那就该采取行动了。让孩子知道你已经有所察觉，听一听他/她的想法，了解事情的真相，向当地或者国家戒毒中心寻求更多信息，向医生咨询，调查你所在的社区能提供哪些专业咨询和治疗。换句话说，就是寻求帮助，不能独自行动。"

"我希望永远也不用做这些。"劳拉说道，"也许我运气好，孩子最终会变好。"

"你靠的远不止运气，劳拉。"我说，"你已经掌握了很多技巧，更重要的是，你明白态度是这些技巧的关键。大家都一样，通过过去几个月的学习，你们已经改变了不少和孩子交流的方式，而所有这些改变，无论大小，都从根本上改变了你们的亲子关系。

"通过回应孩子的感受，和孩子一起解决问题，鼓励他们达到目标、实现梦想，你让孩子明白你是多么尊重他们、爱他们、重视他们。孩子从父母那里能感受到自己的价值，他们更能尊重自己，做出负责任的选择，也更不容易做出违背他们意愿或者有损他们前途的事情。"

一阵沉默。这次学习时间很长，大家好像都不愿意离开。

"我会怀念这次学习的。"劳拉感叹道，"不仅仅学习到技巧，我从大家这里还得到很多的支持。"她的眼睛有些湿润。"我也会想念大家所谈论的孩子们的。"

凯伦和麦克都拥抱了劳拉。

琼说："我最怀念的是，当我遇到问题时，我知道有人可以倾诉。"

吉姆有点伤感地说："我们也都知道，和青春期的孩子在一起，总是会遇到新问题。所以，和有共同处境的人一起探讨多好啊。"

"嗨，"托尼说，"谁说我们结束了？我们把讨论继续下去怎么样？也许不是每周一次，但是，可以每月一次，或者两次。"

托尼的建议立刻得到积极的响应。

大家用期待的眼神看着我。

我想了一会儿，这些父母期望的正是我对所有青少年父母的希望：一个可持续的支持体系，让父母从孤独中解

脱出来，向理解你的人倾诉，卸下心里的重担，从学习交流中看到可能性，与别人分享胜利的喜悦。

　　"如果这就是我们所期望的，"我对大家说，"及时通知我，我准时参加。"

性和毒品

不要一次性地说教。("我知道你了解所有关于性和毒品的问题，但是，我觉得我们还是要好好谈谈。")

寻找任何谈话的机会

听广播的时候:"你认为刚才那个心理医生说的对吗? 孩子们会因为害怕落伍或者失去朋友，而难以抗拒毒品吗?"

看电视的时候:"所以，根据这个广告，一个女孩想要吸引男孩，只要把口红颜色涂合适就行。"

阅读杂志的时候:"你怎么看这个? 它说:'有时候孩子吸毒只是想有好的感觉，之后，他们吸毒，是为了有正常的感觉。'"

看电影的时候:"你认为最后一幕现实吗? 两个青少年刚见面就上床?"

看报纸的时候:"有时间的时候，看看这篇关于青少年聚众饮酒的文章，我想听听你的看法。"

听音乐的时候:"你觉得这首歌词怎么样? 你觉得会影响男孩对待女孩的方式吗?"

下次再见面······

　　在随后的几天里，我的思绪仍然沉浸在我们一起讨论的情景中。

　　我们曾经一起走过一段长长的旅程。在开始的时候，不同的人有着不同的期望、不同的恐惧、不同的目标，不管他们最初是出于什么原因来参加讲座，最终都看到新的沟通技巧改善了他们的亲子关系，并且他们的孩子也变得越来越有责任感。这些结果让我们都感到欣慰。

　　同时，我也非常高兴，还能再次与大家见面，让我有机会和父母们再一次分享亲子沟通技巧。当我从更宽广的角度来回顾我们曾经一起讨论的话题时，脑海中涌现的思路更加清晰。

　　下次，我要告诉他们，如果"孩子是从生活中学习"的，那么，在过去的几个月中，他们与孩子一起生活学习，孩子学到的最基本的沟通原则，就是互相关心。在每一天起起伏伏的生活中，孩子们学到的是：

感受：不仅考虑自己的感受，也考虑有不同意见的人的感受。

礼貌：表达愤怒，不对别人无礼。

言辞：不同的表达可以产生怨恨，也可以产生善意。

在一种互相关心的关系中，没有惩罚：我们在成长的过程当中，都会犯错误，也能面对错误，改正错误。

不要为彼此的差异而互相诋毁：看似无法解决的问题，可以通过尊重、倾听、创新和坚持不懈的努力而得到解决。

我们都需要感受到自己的价值：这不仅影响我们的现在，而且影响我们的未来。

下次再见面的时候，我要告诉父母，每天都有新的机会，每天从态度到语言为孩子做出榜样，这将会对孩子的现在和未来产生积极的影响。

孩子是我们献给未来的礼物，他们今天在家里经历的将会深刻影响到未来的世界，人类的尊严和文明将会这样传承下去。

这就是我下次想要告诉父母的。

图书在版编目（CIP）数据

如何说少年才会听 怎么听少年才肯说 /（美）法伯（Faber, A.），（美）玛兹丽施（Mazlish, E.）著；安燕玲译 . -- 北京：中央编译出版社，2013.5（2021.5 重印）
书名原文：How to Talk So Teens Will Listen & Listen So Teens Will Talk
ISBN 978-7-5117-1632-3

I.①如… Ⅱ.①法…②玛…③安… Ⅲ.①家庭教育 Ⅳ.① G78

中国版本图书馆 CIP 数据核字（2013）第 066773 号

如何说少年才会听 怎么听少年才肯说

出 版 人：刘明清
出版统筹：谭 洁
责任编辑：刘文利
特约编辑：芮 雪
责任印制：尹 珺
出 版：中央编译出版社
地 址：北京西城区车公庄大街乙 5 号鸿儒大厦 B 座（100044）
电 话：（010）52612345（总编室）（010）52612313（编辑室）
（010）52612316（发行部）（010）52612346（馆配部）
传 真：（010）66515838
经 销：全国新华书店
印 刷：北京中科印刷有限公司
开 本：889 毫米 ×1194 毫米 1/32
字 数：100 千字
插 图：170 幅
印 张：7.75
版 次：2013 年 5 月第 1 版
印 次：2021 年 5 月第 9 次印刷
定 价：29.80 元

网 址：www.cctphome.com 邮 箱：cctp@cctphome.com
新浪微博：@ 中央编译出版社 微 信：中央编译出版社（ID:cctphome）
淘宝店铺：中央编译出版社直销店（http://shop108367150.taobao.com）（010）52626985

本社常年法律顾问：北京嘉润律师事务所律师 闫军 梁勤
凡有印装质量问题，本社负责调换。电话：（010）55626985